Sous ce prétexte hospitalier il l'attira dans sa
Caverne, où il l'assassina........

La
CAVERNE DES BRIGANDS;

ou
...eil des Assassinats, des Vols, des Brigandages
...s Scélérats qui ont expié leurs crimes dans leurs
...prises et sur l'Échafaud.

Extermion, Grand Dieu de la terre où nous sommes
Quiconque avec plaisir répand le sang des hommes

Apprends que j'adore Samba.

A PARIS,
LOCARD et DAVI, Libraires, Rue des Boucheries,
Faubourg St Germain, N.º 28.
Mme BAUR, Libraire, Passage St Roch, N.º 24.
(1814)

VERTISSEMENT.

)N a forgé beaucoup d'histoires
: brigands, qui n'ont de réalité
ıe dans la tête de ceux qui les
ıt imaginées. On a cherché à
ıouvanter les esprits, sans trop
:mbarrasser de la vérité. Plus
rupuleux que tous ces faiseurs
: romans, en publiant ce recueil,
ıtre but a été de donner des faits
ıpuyés sur des pièces authen-
ues; c'est au public à juger si
ıus l'avons rempli.

LA CAVERNE

DES BRIGANDS.

~~~~~~~~~~~~~~~~~~~~~~~~~~~~~~~~~~~~

E BRIGAND ANTHROPOPHAGE.

———

LAISE **FERRAGE PEYÉ**, né dans le
mté de Comminges, en 1757, était mâ-
n de profession. Quoique d'une petite
ille, il était nerveux et d'une force de
rps extraordinaire. Cette vigueur phy-
ue était jointe au moral le plus atroce.
bertin par tempérament, dès sa pre-
ère jeunesse, il poursuivait et prenait
force les femmes comme un satyre. Ne
uvant satisfaire à volonté la brutalité de
passions sous les yeux des lois, protec-
ces des mœurs, il se bannit lui-même du
mmerce des hommes à l'âge de vingt-
eux ans, se retira dans les montagnes

d'Aure, voisines de sa patrie, et s'y ét
blit dans une caverne ouverte dans un r
cher assez élevé ; et c'est là qu'il résol
de subsister par la force et la cruauté.

sa caverne, à l'heure des ténèbres, com
les animaux de proie, mais plus détermi
et plus féroce encore qu'eux, il se répa
dait dans les campagnes d'alentour, enl
vait les femmes et les filles qu'il pouv
rencontrer ou surprendre, poursuivait
coups de fusil celles qui fuyaient, et, lo
qu'il les avait blessées, il courait à
proie, et ce monstre consommait s
crime à l'instant même où ses victimes lu
taient contre la mort. Les habitans d
campagnes voisines ayant pris des pr
cautions pour se garantir de ses vols, (
assure que le défaut de subsistances le re
dit anthropophage, et qu'il se nourrissa
de la chair des personnes du sexe qu
avait enlevées, dont il coupait d'abord
sein, arrachait les entrailles et le foie, q

aient pour lui une nourriture exquise. Ce
élérat outrageait également l'enfance,
jeunesse et la vieillesse même. Pendant
ois ans qu'il continua impunément ce
nre de vie monstrueux, on fait monter
plus de quatre-vingts le nombre des
mmes et filles qu'il massacra et dévora
suite.

Ce que la fable avait imaginé de Poly-
ême, il le réalisa dans son antre. On le
yait accroupi sur la cime des montagnes,
nt la base était couverte de forêts, re-
ire des ours, des sangliers et des loups,
tendant comme eux l'occasion et l'heure
carnage. Il menait la vie la plus dure,
ujours environné de neiges, au milieu
es bois et des rochers, bravant les injures
l'air comme les aiguillons du remords.
ne marchait jamais qu'armé d'un fusil à
ux coups, d'une ceinture de pistolets et
une dague. Il avait répandu une telle
rreur dans le pays par ses vols et ses

assassinats, que la maréchaussée n'osa
entreprendre de l'arrêter, quoiqu'il vî
quelquefois à Montrigean, ville voisine
pour acheter de la poudre et des balle
Il fut une seule fois arrêté, et trouva
secret de s'évader.

On prétendait qu'il portait dans s
cheveux une herbe qui avait la proprié
de ronger le fer (1). Nous ignorons si cet
herbe a vraiment la propriété qu'on lui a

(1) Cette herbe croit dans les montagnes,
n'est connue que d'un oiseau nommé *Pic*. C
n'a, pour se procurer cette herbe, que cel
ruse. On tâche de découvrir un nid de cet c
seau, qui le place dans le creux d'un arbre :
cloue en son absence une planche au-dessus
l'ouverture du trou de l'arbre; l'oiseau revien
trouve son nid fermé : pour ôter les clous q
fixent la planche, il va chercher l'herbe qu
l'instinct lui a fait connaître. On se met à l'écar
l'oiseau travaille, et lorsqu'il est parvenu à ro
ger les clous, il laisse alors tomber l'herbe, qu
l'on court ramasser.

ue; mais on était dans le pays si for-
ent persuadé de la vérité de cette opi-
, que, la seconde fois qu'il fut arrêté,
sauta à sa chevelure, qu'on lui coupa
-le-champ, afin de lui ôter la ressource
cette herbe, qu'il avait, disait-on,
utume d'y porter.

Il venait de commettre encore deux
imes connus et prouvés. Il soupçonnait
laboureur d'avoir voulu le faire arrêter.
our se venger il mit le feu à une grange
renfermait ses bestiaux, et sa haine
ontempla l'incendie d'un œil satisfait.

Un malheureux Espagnol, marchand
mules, qui traversait le pied de ces
ontagnes pour venir en France faire des
hats, rencontra ce guide fatal, qui l'ac-
sta et s'offrit à le conduire sur les terres
France. Sous ce prétexte hospitalier, il
attira dans sa caverne, où il l'assassina;
en portait encore le manteau dans sa
rison.

Cependant la terreur augmentait tous les jours. On ne parlait que de Ferrage, et l'on cherchait les moyens de s'en délivrer. Les communautés des habitans du canton, épouvantées de ce voisinage, promettaient des récompenses à l'homme adroit qui saurait l'attirer dans les fers de la justice, car la force ne paraissait pas le moyen le plus sûr. On ne pouvait escalader le mont où était sa caverne que par des sentiers très-rudes et très-étroits; il était toujours armé, toujours sur ses gardes, dans la crainte d'être surpris. Enfin la ruse fit ce que la force n'osait tenter.

Un particulier dont la conduite n'était pas sans reproche, pour faire oublier ses écarts et en obtenir le pardon, s'offrit à livrer ce scélérat. Il se retira dans les mêmes montagnes, et feignit d'y choisir comme lui sa retraite contre les poursuites de la justice. Ferrage le crut, et se lia avec lui sans défiance et sans soup-

n. Enfin, par l'adresse de son nouveau
mpagnon, il fut trahi et découvert une
uit qu'il s'était égaré dans les montagnes,
t sa force funeste fut enfin enchaînée par
i multitude des forces réunies.

Son procès ne fut pas long. Il fut con—
amné, par le parlement de Toulouse, à
tre rompu vif, le 12 décembre 1782, et
it exécuté le lendemain.

~~~~~~

MAKANDAL,

OU

LE NÈGRE BRIGAND ET EMPOISONNEUR

—

Makandal, né dans une des contrée de l'Afrique qui sont adossées au mon Atlas, appartenait à une famille distingué et avait reçu de l'éducation ; il savait lir et écrire en langue arabe, il aimait pas sionnément la musique, la peinture et l sculpture, et connaissait tous les secret de la médecine de son pays, qui consist dans le choix des plantes si utiles et s dangereuses à-la-fois, et qui croissent sou la zône brûlante qui s'étend entre les tropiques. Ce fut avec la connaissance de ces plantes qu'il se rendit si redoutable.

Enlevé à son pays, ayant atteint à peine sa douzième année, Makandal fut trans-

porté à Saint-Domingue, et vendu à un colon des environs du Cap Français. Né avec
un tempérament ardent et une ame brûlante, il travaillait avec une telle activité,
que son maître le citait pour exemple. Aimé et considéré de tous les autres nègres de
l'habitation dont il était devenu le bienfai-
teur, il dirigeait leurs fêtes, était l'ame
de leurs plaisirs, leur médecin et leur con-
solateur, lorsqu'ils éprouvaient des peines
morales et physiques. Par-tout où était Makandal régnaient la paix, la joie et le bonheur. Tous les calendas (1) étaient tristes
si Makandal n'y était pas.

Avec un caractère comme celui de ce
nègre, il était difficile que l'amour n'entrât
pas dans son cœur, et que ce sentiment
ne s'y développât avec une espèce de
fureur. Il avait quinze ans, lorsque la

_____

(1) Sorte d'assemblées de danseurs composées
de nègres et de négresses.

première étincelle de ce feu dévorant vint
l'embraser. Une jeune et très-jolie négresse de l'habitation où il était esclave
fut l'objet de son amour. Malheureusement il avait pour rival son maître, qui
avait annoncé à la négresse ses préten-
tions sur elle. Celle-ci, très-embarrassée,
pencha néanmoins pour son égal, et le
maître fut rebuté.

Le maître, furieux de ce qu'on lui
préférait un esclave, résolut de s'en
venger. La haine rend injuste et finit par
rendre cruel. Le colon, ne trouvant aucun moyen de le punir, en chercha le prétexte. Un jour, au milieu d'une plantation
nouvelle de cannes de sucre dans laquelle
Makandal travaillait, il lui ordonna de se
coucher par terre et de recevoir cinquante
coups de fouet. Le nègre, révolté de l'injuste châtiment qu'on voulait lui faire subir, jeta au loin les instrumens de son
travail, et prit sa course vers les monta-

ges. Après s'être réuni aux nègres marrons (1), Makandal chercha à s'en faire
respecter et à s'en faire craindre ; et, à
l'aide de ses connaissances et de ses talens,
il parvint facilement à ce but. Il avait
sculpté avec beaucoup d'art, au bout
d'un bâton d'oranger, une petite figure
humaine, qui, lorsqu'on la touchait au-
dessous de la tête, remuait les yeux et les
lèvres, et paraissait s'animer. Il disait aux
nègres que cette figure répondait à ses
questions et rendait des oracles. Il passa
pour prophéte auprès de tous les nègres
de la colonie, et d'autant plus facilement
qu'il prédisait la mort d'un individu, et
que cette mort arrivait le jour qu'il avait
indiqué. La grande connaissance qu'il
avait des simples lui fit découvrir à
Saint-Domingue plusieurs plantes véné-

(1) On appelle *marrons* les nègres qui désér-
t.

neuses, et c'est avec ces poisons qu'
s'acquit un grand crédit. Il tuait à cin
quante lieues des montagnes qu'il habit
tel nègre ou telle négresse qu'il avait dé
signé. On l'adorait et l'on adorait sa fé
tiche (1).

Lorsque Makandal voulait faire péri
quelqu'un, il chargeait un pacotilleur (2

(1) *Fétiche* est une divinité subalterne de
peuples de Guinée. Chaque royaume, chaqu
province, chaque village, chaque nègre enfin
sa *fétiche*. La première chose qui frappe les re
gards d'un nègre devient pour lui l'emblème d
cette bizarre divinité. Un arbre, un caillou, un
dent, une corde, un morceau de fer, une bran
che d'épine, et des objets plus vils encore, ob
tiennent tout-à-coup un culte religieux, et son
placés avec respect, ou dans les maisons, ou su
des autels en plein air. Avaler quelque partie d
sa fétiche est le serment le plus redoutable; u
nègre ne le viole jamais.

(2) Nègre qui va dans les habitations revendr
les marchandises d'Europe.

de ses amis de présenter à cette personne un fruit ou un catalou, qu'il lui re-
mettait, en lui déclarant la mort de celui
qu'il lui indiquait. Le pacotilleur, au lieu
de penser que Makandal eût empoisonné
le fruit, tremblait au pouvoir de sa fétiche
et exécutait ponctuellement l'ordre du
prétendu prophête, sans oser en parler à
personne; la victime expirait, et tous
les nègres étaient émerveillés de la pré-
science de Makandal.

Tous les esclaves de la colonie et tous
les nègres libres accouraient à lui pour être
guéris ou vengés. Malheur aux ennemis
de ses amis! Malheur sur-tout à ses rivaux, à ses maîtresses rebelles ou infidèles!
aucune de ces personnes n'échappait à
sa vengeance, à sa haine et à sa cruauté.
Il ne commettait pas toujours ses crimes
lui-même, deux nègres marrons comme
lui, et qui lui étaient aveuglément dévoués,
étaient les exécuteurs de ses volontés.

C'est dans les hautes montagnes que Makandal se retirait pendant le jour, et qu'il rassemblait avec les deux ministres de ses vengeances un grand nombre de nègres déserteurs. Ils avaient sur le sommet presque inaccessible de ces montagnes, leurs femmes, leurs enfans, avec des plantations très-bien cultivées. Quelquefois Makandal ordonnait à des bandes de nègres marrons de descendre dans la plaine, de ravager les habitations qu'il leur désignait, et d'exterminer ceux des nègres qui avaient désobéi au prophête.

Ce fut cependant un nègre qui trahit et livra ce monstre à la justice.

Zami, jeune esclave, âgé d'environ dix-huit ans, devint amoureux d'une jeune négresse du Congo, nommée Samba, qui ne tarda pas à partager la vive passion qu'elle avait fait naître. Les deux amans se donnèrent secrètement plusieurs rendez-vous. Leur bonheur durait depuis six mois, sans

?oir éprouvé aucun désagrément, lors-
e Samba s'aperçut qu'elle devenait
ère. Elle fit part de cette découverte à
ami, qui en témoigna les transports de
ie les plus vifs : il était encore dans le
élire de l'enchantement, lorsqu'en ren-
ant dans sa case, il trouva Makandal
ii le cherchait. Makandal ignorait l'a-
our et le bonheur de Zami, et voici le
scours qu'il lui tint :

« Zami, tu connais la puissance terrible de ma fétiche....., réjouis-toi donc
d'avoir trouvé grace devant elle et mérite sa confiance. Rends-toi dans l'habitation que tu vois à trois lieues d'ici ;
cherche la négresse Samba, qui jusqu'à présent a dédaigné les vœux de
tous ses admirateurs, et qui depuis une
année m'humilie moi-même par de
constans refus. Demande-lui l'hospita-
lité ; dans l'instant qu'elle voudra man-
ger, répands adroitement dans son ca-

« talou la poudre que voici. Elle doi
« donner la mort à Samba ».

En même temps il lui remit la poudr
fatale enfermée dans un morceau de feuill
de bananier.

Zami, frappé de ces paroles comm
d'un coup de foudre, se jeta aux pied
de Makandal, et lui dit en versant u
torrent de larmes :

« O Makandal ! dois-tu exiger que j
« sacrifie à ta vengeance la beauté la plu
« parfaite, l'ame la plus pure dont no
« climats puissent s'honorer ? *Appren*
« *que j'adore Samba*, que j'en suis ten
« drement aimé, et que son amour v
« bientôt faire donner le titre de père
« l'infortuné Zami ».

En parlant ainsi il embrassait les genou
de Makandal. *Ce nègre féroce*, fúrieu
de trouver un rival préféré, *tirait déj*
son coutelas, et allait immoler le pau
vre Zami, lorsqu'il entendit la voix d

commandeur, qui appelait les esclaves
u travail : il n'eut que le temps de fuir,
mais il laissa dans les mains du jeune nègre
la poudre empoisonnée.

La journée lui parut d'une longueur
insupportable. Dès que le travail eut cessé
franchit l'intervalle qui le séparait du lieu
du rendez-vous. Samba n'y était pas. Il
l'attendit au bosquet d'orangers. Son im-
patience de la voir arriver était extrême.
Voyant enfin que l'heure du rendez-vous
était passée, de noirs pressentimens le
tourmentèrent ; il vola vers la demeure
de sa bien-aimée.

Qu'on se figure l'effroi, la douleur, le
désespoir du malheureux Zami, lorsqu'en
approchant de la case de son amante,
il entendit les gémissemens de plusieurs
négresses. Il entre en tremblant ; il voit
Samba étendue sur une natte, et luttant
contre la mort : il se précipite sur elle ;
Samba l'entend, tourne vers lui ses yeux

éteints, et expire en prononçant le no
de Zami. Cet amant désespéré tombe san
connaissance à côté de l'objet de so
amour. Revenu à lui, il questionne les né
gresses sur la mort subite de sa maîtresse.
Il apprend qu'une négresse marchande
était venue à l'habitation, et avait dîné
avec Samba. Il voit d'où part ce coup fatal
et jure d'en punir l'auteur. A peine fait-
il jour qu'il court à la ville, raconte tout
ce qu'il savait du projet infernal de Makandal, remet la poudre qu'un chimiste
français décomposa, et reconnut pour
un poison très-violent. On frémit du péril qui menaçait la colonie entière. Sur le
champ on mit toutes les maréchaussées en
campagne pour se saisir de Makandal.
Toutes leurs recherches furent infructueu-
ses, et l'on désespérait de réussir lorsque
Zami s'offrit pour l'arrêter.

Il ne s'arma que d'une petite massue de
bois de goyavier, et il alla se mettre en

mbuscade dans un défilé de la montagne
ur laquelle Makandal se retirait. Il l'at-
endit inutilement pendant cinq jours ; en-
in le sixième, avant que l'aube du jour
arût, il l'entendit marcher avec deux
ègres marrons. Zami fond sur eux et as-
omme les deux nègres. Makandal tire son
outelas pour frapper Zami ; celui-ci le
révient : d'un coup de massue, il lui fait
omber l'arme de la main, et le terrasse
ui-même. Sans lui donner le temps de se
reconnaître, il lui attache les bras der-
ière le dos, et le conduit au Cap.

L'instruction du procès fit découvrir
que les projets de Makandal étaient de
détruire sourdement, par le poison, les
maîtres des plantations, ou de les ruiner
en faisant périr tous les esclaves qui leur
paraissaient attachés, et enfin d'exterminer la race des blancs par un massacre général, qui le rendrait le souverain de toute
l'île.

Ce monstre ne voulut faire aucun aveu
et il conserva jusque dans les flamme
son audace et son fanatisme. Lorsqu'on l
lut l'arrêt qui le condamnait à être brûl
vif, il annonça fièrement que son corp
serait respecté par le feu; qu'au lieu d
mourir, il allait changer de forme, et qu'i
resterait toujours dans l'île, ou en maran
gouin, ou en oiseau, ou en serpent, po
veiller sur sa nation. Les nègres ignorans
qui l'entendirent, furent persuadés que
sa fétiche le sauverait. Une circonstance
singulière parut même un instant favoriser
sa prédiction.

On avait planté dans la terre un poteau
autour duquel on dressa le bûcher de
Makandal. On l'attacha avec un carcan à
ce poteau. Les efforts qu'il fit, lorsqu'on
mit le feu au bûcher, furent si violens,
qu'il arracha le poteau, et qu'il marcha
dix à douze pas au milieu de la foule éba-
hie. Tous les nègres criaient au miracle;

ais un soldat qui était à côté lui prouva
'un coup de sabre qu'il était plus puissant
ue lui, et on le rejeta dans le bûcher.

Telle fut la fin d'un des scélérats le
lus dangereux qui aient porté le trouble
ans nos colonies.

~~~~~~~~~~~~~~~~~~~~~~~~~~~~~~~~~~~~~

LE BRIGAND ET LA BIBLE.

—

PARMI les brigands dits *garroteurs* o
chauffeurs, qui désolèrent les deux rive
du Rhin pendant les dernières années d
la révolution, on remarque un nomm
CARL BENZEL, affidé du fameux *Schin
der-Hannes* (1).

Ce *Carl Benzel* appartenait à une fa
mille honnête; son éducation avait été
soignée. Le jeu l'entraîna dans des socié
tés dangereuses. Devenu amoureux d'une
jeune personne nommée Ida, qui avait été
élevée dans les principes de la vertu, il
parvint à toucher son cœur. Celle-ci es-
saya de faire rougir Carl de son inconduite
et de sa fureur pour le jeu, et triompha

_____

(1) Voyez l'article *Schinder-Hannes*.

momentanément de ses inclinations vicieuses, en le forçant de renoncer à la société des faux amis qui corrompaient sa jeunesse. Tel était l'ascendant de cette vierge pure sur un homme livré au désordre d'une jeunesse inconsidérée, qu'il avouait qu'*il tremblait devant cette jeune fille plus qu'il n'aurait tremblé devant l'ange de Dieu.*

Ida, ayant cru Carl revenu pour toujours aux sentimens d'honneur qui n'auraient jamais dû l'abandonner, lui permit de s'adresser aux auteurs de ses jours pour obtenir sa main. Ceux-ci, moins confians qu'une jeune fille sans expérience, refusèrent durement Benzel, qui d'ailleurs était sans fortune ; ils prirent le parti de soustraire Ida à sa vue et à ses recherches, laissèrent cet infortuné livré au désespoir. Peut-être Ida l'eût-elle entièrement amené dans le chemin de l'honneur et de la vertu.

Abandonné du seul objet qui pouvait lui faire aimer la vie, Carl Benzel tombe dans la plus noire mélancolie, il s'enferm chez lui avec une Bible, et se livre unique ment à sa lecture. Ce qu'il y a de singu lier dans la conduite de cet individu, c'es que le désœuvrement et le désespoir l'ayan porté à se lier avec Schinder-Hannes, et faire partie de sa bande, il continua à fair de ce livre sacré son unique étude : c'étai la Bible en poche qu'il concourait à com mettre des vols, des assassinats ; et, quan le meurtre était consommé, on le retrou vait la Bible en main. Ce n'était point ce pendant un hypocrite. Ses inclinations n'é taient point perverses ; il fut entraîné a crime par une espèce de fatalité. Assid aux exercices de la religion, on le vit s'e poser à être arrêté pour ne pas manqu d'assister à la messe et de communier. n'avait besoin ni d'en imposer par l'ext rieur de la piété, ni de tromper personn l agissait d'après sa propre conviction. Cette alliance monstrueuse de la religion et du crime, qui a de quoi confondre l'esprit, n'est pas le premier exemple qu'on pourrait citer du caractère inexplicable le l'homme, dont la conduite est si souvent en contradiction avec ses principes.

Ce misérable périt sur l'échafaud le 4 février 1802, en témoignant le repentir le plus sincère de ses crimes. A l'exemple des criminels de Londres, il fit une exhortation morale et pathétique à cette foule avide de voir répandre le sang; mais refusa constamment de nommer ses complices. *La religion, telle qu'il la concevait, ne lui permettait pas de faire des veuves et des orphelins.*

~~~~~~

DAMIEN HESSEL.

Le temps auprès des dieux ne prescrit point le crime;
Leur bras sait tôt ou tard atteindre sa victime.

———

Dans les dix dernières années du dix-huitième siècle, et les dix premières du dix-neuvième, de nombreuses troupes d'assassins et de brigands inondèrent les Pays-Bas, le Haut et le Bas-Rhin. Ces bandes avaient à leur tête des chefs déterminés, dont le courage égalait la scélératesse. Parmi ces derniers, on remarque Damien Hessel.

Né à Paderborn, le 3 mai 1774, d'un fabricant de tabac, Hessel fut d'abord destiné au parti de l'église; il fréquenta les basses classes, et conserva quelque réminiscences de latin et de grec; de là ses sobriquets de *bacherlé* et *d'écolier*.

Une étourderie de jeune homme, étant au gymnase de Paderborn, le détermina à abandonner le toit paternel, et de sortir de la ville pour se dérober à la punition qu'il attendait.

Ayant fait connaissance avec un de ces mendians soi-disant incendiés, il parcourut avec lui les Pays-Bas, et s'engagea ensuite dans le régiment de Wittgenstein, qu'il accompagna dans ses quartiers d'hiver à Marienborn, près Maïence. La vie militaire ne lui plaisant pas infiniment, il écrivit à sa mère pour lui faire part de l'intention qu'il avait de quitter le service, et celle-ci se mit en mouvement pour lui procurer son congé. Elle s'adressa dans cette vue à un cousin qui demeurait à Hanau, et qui décida que la désertion était le plus court chemin pour arriver à son but. Hessel s'enfuit donc à Hanau, auprès de ce cousin qui ne put lui procurer un habit; en conséquence, l'u-

niforme que portait Hessel fut transformé
en un frac de petit-maître.

Le cousin, qui se disait baron, et qui
était loin d'être dans l'aisance, ayant
profité des premiers vols de son jeune parent, l'encouragea à ne pas oublier l'heureux talent qu'il possédait pour mendie
sur de faux certificats ; il lui donna mêm
plusieurs adresses pour Francfort ; don
notre héros rapporta fidèlement chez lu
le fruit de ses aumônes et de ses vols.

Ce cousin avait une fille de vingt ans
nommée Caroline, pleine d'amabilité e
de graces, pour laquelle le jeune Hess
se prit d'une belle passion. Cette demoi
seile avait le goût de la parure, et comm
en général on était fort brouillé dans l
maison avec l'argent comptant, Hessel
plusieurs tours d'étudiant pour l'amo
de son parent et de sa charmante cousin

Dans une de ses excursions à Maïence
il trouva moyen, en servant la messe à

athédrale, de dérober un petit calice ;

is, ayant été surpris par le marguillier,
n l'arrêta, et il fut transporté à la tour
e la Porte-au-Bois, dans le même cachot
où il sortit depuis pour aller à l'échafaud.
l'était sa première arrestation ; et lorsque,
n décembre 1809, la police de Franc-
ort l'eût livré à celle de Maïence, il s'é-
ria d'un ton prophétique, à son entrée
ans cette même tour : « Voici mon *alpha*
 et mon *oméga* ».

Caroline n'abandonna pas son amant
ans l'infortune ; et parvint à force de
llicitations à obtenir sa mise en liberté.

A sa sortie de Maïence, Hessel ne
ngea plus qu'aux moyens de dédomma-
;er sa cousine de ses frais de voyage par
uelques nouvelles filouteries.

A Francfort, il servit la messe chez les
:apucins, et leur déroba deux calices et
eux petits vases.

En janvier 1793, il se fit enfermer u
matin dans l'église des carmes, et pen
dant que les bons pères étaient à table,
il s'échappa au travers du cloître, en em
portant un crucifix d'argent. Quelques
jours après il escamota la montre d'un
vieux marquis qui demeurait à Hanau; la
montre fut donnée à Caroline, et le produit des vases sacrés dépensé au bal et au
spectacle.

Dès lors les vues d'Hessel commencè-
rent à s'agrandir; il entreprit des courses
jusqu'à Dusseldorf, où, en mendiant sous
mille formes différentes, il rassembla jusqu'à vingt-cinq louis.

A Ketwig, sur la Roër, il s'associa à un
maquignon, et pendant que cet homme
faisait sa sieste, il lui enleva cent louis sur
trois cents qu'il portait dans sa ceinture,
et de suite se rendit en poste, par Cologne, Coblentz et Francfort, à Hanau,

près de ses honnêtes parens , chez qui
rgent frais fut , comme de coutume, dis-
é en parties de plaisir.

C'est à-peu-près vers ce temps qu'Hes-
se mêla parmi le peuple et les sol-
ts qui dépouillèrent les maisons des
bistes à Maïence , et qu'il enleva
suite, à un courrier autrichien qu'il
ncontra sur la route d'Aschaffenbourg ,
moitié de son argent comptant.

Dans une tentative qu'il fit pour piller
comptoir d'un aubergiste de Hanau, il
t arrêté. La seconde nuit de sa déten—
on , il s'évada au travers des latrines.
avait jeté d'abord ses vêtemens par la
nêtre ; puis, ayant lié son mouchoir au-
ur de sa figure , s'était hasardé dans le
nal, en étendant ses bras devant lui.
ais il demeura suspendu au milieu du
onduit , environ deux heures de suite ,
ns connaissance, jusqu'à ce qu'un mou-
ement fortuit le fit tomber jusqu'en bas :

le corps tout souillé, ayant à peine l'usa
de ses sens, il eut besoin de quelqu
momens pour revenir à lui , puis il s
traîna au bord d'un puits où il se nétoy
Il était déjà minuit passé; il ne perd
pas une minute, et se rendit en hâte
Francfort pour y faire panser ses meur
trissures; Caroline vint l'y voir. En l
quittant, il prit le chemin de Maïence
en se promenant dans la grande rue d
cette ville, il fut accosté par un officie
prussien, qu'il avait eu occasion de ren
contrer à Hanau, une fois ou deux, dan
des parties de plaisir. On renouvela con
naissance; mais en passant devant un corp
de garde, l'officier fit saisir Hessel comm
un mauvais sujet et un voleur échappé d
Hanau. Le lendemain, il fut ramen
dans la prison de cette ville, dont a
bout de quatre semaines, il s'évada assez
adroitement.

Ayant entrepris un nouveau voyage

ns les Pays-Bas, il y vécut d'abord du
tier de faux quêteur. Dans la suite il
la connaissance de deux fameux filoux,
dès-lors, il fut entraîné dans le torrent
ce qu'il nommait les grandes affaires.

Depuis cette époque, la vie de ce scé-
at n'est qu'un enchaînement de mons-
iosités, d'assassinats, de brigandages,
filouteries, de débauches crapuleuses,
arrestations et d'escapades, dont l'énu-
ération et le développement rempliraient
usieurs volumes.

Arrêté à Francfort, sur l'indication d'un
ses camarades, et désigné comme un
es auteurs de la tentative de vol commise
la poste de Maïence, et d'un vol effectué
Frankental, il parut devant la cour de
stice de Maïence, qui, après une ins-
uction qui remplit plusieurs séances, le
ondamna à mort, le 29 septembre 1810,
vec deux autres chefs de bandes.

Hessel paraissait croire à une sorte de

fatalité qui l'avait destiné pour son ge
de vie, et à laquelle il n'eût jamais
échapper. Aussi fit-il la réponse suiv
à l'un des interrogats du juge instructe

« Dieu nous fait naître et nous env
« sur la terre pour punir les avares et
« mauvais riches; nous sommes une
« pèce de plaie divine; et d'ailleurs
« nous n'existions pas, à quoi serviraie
« les juges »?

~~~~~~~~~~~~~~~~~~~~~~~~~~~~~~~~~~~~

JOURDAIN DE LILLE,

BRIGAND DU QUATORZIÈME SIÈCLE.

—

OURDAIN DE LILLE, gentilhomme
périgourdin, seigneur de Casaubon, et
parent du pape Jean XXII (1), dont il
avait épousé la nièce, se rendit fameux
dans le quatorzième siècle par ses brigandages. En 1323 il fut cité devant le roi
Charles-le-Bel, pour répondre à dix-huit
chefs d'accusation, dont le plus léger méritait la mort. Le coupable, qui savait que
le roi était *sévère justicier*, implora pour
se sauver la protection du pape. En faveur

(1) Ce pontife, qui laissa à sa mort vingt-cinq
millions d'écus, était le fils d'un pauvre savetier
de Cahors.

de l'alliance qu'il avait avec ce gentilhomme, le pontife voulut bien intercéder
pour lui, et parvint à obtenir sa grace.

Tant de facilité ne fit qu'enhardir ce
scélérat, et bientôt il se souilla de crimes
énormes, violant les vierges, tuant tout
ce qui lui résistait, protégeant et donnant
asyle à tous les brigands de sa province (1). Rien n'était sacré pour lui, e
le comble de la scélératesse était le sang-
froid avec lequel il commettait le crime.

Cité une seconde fois à la cour du roi
il osa assommer l'huissier qui lui apportai
cet ordre. Cependant il, comparut accompagné d'une foule de gentilshommes, e
comptant toujours sur la protection du

_____

(1) Jourdain de Lille n'est pas le seul qui s
soit signalé à cette époque par des vols, des as
sassinats et des viols : un grand nombre de sei
gneurs de ce temps-là ne se croyaient puissan
qu'autant qu'ils se souillaient des forfaits les plu
atroces.

pape; mais cette fois elle n'eut pas le crédit de le sauver.

Raro antecedentem scelestum
Deseruit pede pœna claudo.

Il fut conduit dans les prisons du Châtelet, jugé sur-le-champ et condamné à mort. Il fut d'abord traîné à la queue d'un cheval, et ensuite pendu (1).

Le lendemain de l'exécution, le curé de Saint-Merri crut devoir instruire le pontife des bons offices qu'il avait rendus au supplicié, et écrivit en cour de Rome la lettre suivante, monument de la simplicité, ou plutôt de la sottise du temps.

« TRÈS-SAINT-PÈRE,

« Dès que je sus que le mari de votre nièce allait être pendu, j'assemblai notre

---

(1) Le privilége d'être décapité au lieu d'être pendu n'existait probablement pas encore pour la noblesse.

« chapitre, et je représentai qu'il conve-
« nait de profiter de cette occasion pour
« vous marquer notre très-respectueux
« attachement et notre très-profonde vé-
« nération.

   « A peine votre neveu était-il pendu,
« qu'avec un grand luminaire nous allâ-
« mes le prendre à la potence, et nous le
« fîmes porter dans notre église, où nous
« l'avons enterré honorablement et *gratis*.

   « Saint-Père, nous continuons de vous
« demander très-humblement votre sainte
« et paternelle bénédiction.

         J. THOMAS, chévecier. »

STREITMATTER,

OU

LES SUITES FUNESTES

DE LA MAGIE BLANCHE.

Par de magiques traits n'évoque point les ombres ;
Des esprits ténébreux fuis les cavernes sombres.

———

RANÇOIS-JOSEPH STREITMATTER, plus connu sous les noms de *Frey*, *Schweizer Muller*, *Boebicher Muller*, enfin *Weiller*, dut le jour à un riche meûnier de Boébikon, arrondissement de Zurzach, canton d'Arau en Suisse, et se maria, à l'âge de seize ans, à une jeune Suisse aussi belle qu'aimable. Les premiers mois de ce mariage, qu'un moine avait arrangé, furent une suite non interrompue de jours heureux.

Un livre soigneusement fermé par des sceaux mystérieux, que ce jeune homme trouva chez lui, fut la première source de tous ses malheurs. Il ouvrit, piqué par la curiosité, cette espèce de boîte de Pandore, et y lut, en un style barbare, entremêlé de latin, une méthode complète pour évoquer les esprits, déterrer les trésors, faire de l'or, préparer la panacée universelle, pénétrer dans les mystères du ciel et de l'enfer, apprendre enfin les magies blanche et noire.

Élevé dans le sein de la superstition, et convaincu de l'existence des esprits, des sorciers et des enchanteurs, il fut séduit par l'idée de se rendre maître des génies et des trésors, en étudiant la magie blanche. Les charmes mêmes de sa jeune épouse ne purent l'arracher à cette ténébreuse étude.

L'observation des astres à l'heure de minuit, des prières mystérieuses au pre-

mier coup de la cloche qui annonçait cette
eure, une réserve silencieuse à l'égard
de tout le monde, une sévère privation de
tous les plaisirs de l'amour, telles étaient
les conditions principales et exclusives
pour pénétrer, dans l'empire des génies.

treitmatter, dans son exaltation, remplit
exactement toutes ces conditions ; il re-
nonça à tous les plaisirs, négligea ses affaires, et encore plus sa jeune épouse, qui,
de son côté, attribua le silence et la froi-
deur de son mari, et sur-tout ses sorties nocturnes, à un motif plus outrageant pour
elle qu'il ne l'était effectivement.

Streitmatter fut encore fortifié dans
sa crédulité et son exaltation par un voisin dont le cerveau ne valait pas mieux que
le sien, et qui l'assista dans ses veilles
cabalistiques. Son épouse alors chercha
des conseils et des consolations auprès
de l'auteur de leur mariage, dont elle attendait le retour de la paix domestique.

Soit faiblesse d'esprit, soit plutôt mé-
chanceté réfléchie de la part du moine,
au lieu de rechercher sagement la source
du mal , il déclara : « Que la cabale
« et les gens mal-intentionnés étaient
« cause de tout le désordre , et que
« le lit conjugal se trouvant ensorcelé, il
« avait besoin d'être exorcisé ; qu'il s'of-
« frait à venir, lorsque son mari recom-
« mencerait ses courses nocturnes , pour
« tâcher d'arrêter, par ses saintes prières,
« les effets de la magie et des mauvais
« génies ».

Dès ce moment, le pire des démons ,
Asmodée, s'empara du paisible toit. Le
moine effectivement bénit la couche nup-
tiale ; mais sa prière se changea en ma-
lédiction pour les malheureux jeunes gens.
Streitmatter était alors trop peu versé
dans les mystères de la perversité humaine
pour soupçonner qu'avant peu il ne serait
plus le seul à se reprocher les troubles

du ménage. Le négociateur trouva trop
bien ses avantages dans cet état de choses
pour songer sérieusement à le changer.

C'est dans cette conjoncture critique que
Streitmatter ne trouvant plus chez lui ni
repos ni plaisir, fut les chercher au cabaret, et que d'un autre côté sa femme,
mécontente de cette conduite, garda les
clefs de la cassette, et commença à con-
trôler ses dépenses; alors un juif d'El-
mingen vint au secours du malheureux
époux, et lui fit des avances de cinquante
et cent florins, contre quittance double
de la somme prêtée. Enfin les deux
époux ne tardèrent pas à se séparer.

Le désordre dans les finances de la
maison, l'épouse de Streitmatter voulut
sauver son bien et celui de ses enfans.
Le juif, qui avait prêté de l'argent à son
mari, devint le plus impatient et le plus
impitoyable des créanciers. Il mit en œuvre toutes les rubriques de la chicane, et

3.

parvint en fort peu de temps à ruiner entièrement Streitmatter, et à le réduire à la
plus profonde misère.

En proie au désespoir et à la rage,
Streitmatter abandonna sa maison, et suivant de fausses idées sur la destination de
l'homme et sur le droit naturel, il se crut
désormais autorisé à reprendre sur autrui
ce qui lui avait été injustement enlevé.
Il devint espion; et comme on ne lui tint
pas certaines promesses contractées avant
l'exécution d'une entreprise hasardée,
il se fit voleur et brigand : il avança dès-
lors à pas de géant dans cette carrière.

Arrêté pour la première fois à Zurzach,
il força son cachot ; retenu ensuite à
Schaffhouse, il s'échappa de la manière
la plus hardie et la plus adroite : arrêté
de nouveau, par la suite, il reçut un léger coup de feu du bailli de Hanenstein,
fut transporté à Arau, où il s'évada de
la plus forte prison avec une audace in-

croyable. Les vols, les sacriléges, les attaques nocturnes dans les moulins et les fermes, se multiplièrent de jour en jour, et son nom devint la terreur de toute la contrée. Personne ne lui était comparable pour l'adresse, la ruse et la présence d'esprit. Point de serrures assez solides pour lui, point de boutiques assez bien gardées ; le plus habile serrurier pouvait apprendre de lui son métier. Il s'échappa de plus de douze des plus fortes prisons, d'une manière aussi hardie qu'ingénieuse.

A Longwy, dans la nuit du 19 au 20 décembre 1805, il escalada avec ses camarades, au moyen d'échelles et de pieux attachés ensemble, les remparts de la ville à dix pas d'une sentinelle.

Streitmatter, toujours le plus actif de sa bande pendant l'exécution d'une entreprise, abandonnait à ses camarades, le soin d'empaqueter et de transporter le

butin. S'il avait de l'argent, tous ses compagnons en avaient aussi : aimant à jouir du
présent, il dissipait l'or, acquis au prix
de tant de dangers, aux eaux minérales,
dans les tripots, les maisons de plaisirs,
ou les cabarets.

Après sa fuite d'Arau, blessé, et
n'ayant pour toute provision qu'un petit
morceau de pain et quelques mures sau-
vages, il erra pendant trois jours à l'a-
venture, dans un batelet, sur une petite
rivière remplie d'écueils.

Emprisonné à Genève avec quelques
autres brigands, il obtint de quelques
juifs de Carouge vingt-cinq pièces d'or,
ainsi que des limes et des ressorts de
montre qu'aucune recherche ne put leur
enlever. Enfermés dans une grotte pendant
leur transport à Lyon, ils s'étaient déjà
débarrassés de leurs fers, et commençaient
à forcer leur prison, lorsqu'ils furent dé-
couverts et arrétés. On leur ôta une partie

leur or et de leurs instrumens ; mais
plus important ou le plus nécessaire
sta caché dans leur fondement.

Deux fois ce brigand eut dessein d'a-
ndonner sou genre de vie , et chaque
is un malheureux incident l'y engagea
nouveau. La première fois , un Bohé-
en lui coupa sa ceinture , et la lui enle-
avec cent louis qu'elle renfermait ; la
conde fois, en France , où il avait ré-
u de s'établir dans une fabrique , son
luvais génie le conduisit sur sa route
s une auberge où un ouragan le força
s'arrêter. Là il trouva le chef de bande
uller avec sa coucubine , lesquels lui ga-
rent son argent au jeu ; et, après l'avoir
ivré, l'engagèrent à un nouveau vol.

n employait en vain contre Streit-
tter les artifices les plus ingénieux pour
saisir de lui. Semblable à un nouveau
tée , il échappait à toutes les recher-
s , à toutes les ruses et à tous les piéges

qu'on lui tendait, et si on parvenait à l'a
rêter ou à l'enfermer dans une prison
un cachot, il était rare qu'il ne rompît p
ses fers, en surmontant les plus gran
obstacles. Un jour, il s'abandonna, av
la plus grande témérité, d'une hauteur
cent pieds, à une corde faite de morcea
de couverture, et ne quitta son entrepri
que lorsqu'il entendit siffler à ses oreilles l
balles de la garde qui était accourue. D
couvert et arrêté, il s'assit tranquilleme
sur une pierre, en disant : *C'est ajourne*

Cependant, plein de dépit et de colè
de ne pouvoir sortir de sa misérable pr
son, tandis qu'il s'était évadé des pl
forts cachots de la France et de
Suisse, il se crut perdu tout de bon,
commença à confesser quelques faits co
tre lui-même ; il était persuadé qu'il fa
lait absolument séquestrer du monde
homme aussi dangereux que lui. Mais
s'écriait toujours avec l'accent de la v

é : « Mes mains jamais n'ont versé de
sang ; si j'entendais un enfant pleurer,
ou un petit chien japper, j'abandonnais
de suite les plus belles entreprises,
parce que j'entrevoyais la possibilité
de me trouver, par une résistance im-
prévue, forcé, malgré moi, à sacrifier
un homme. Il doit sembler étrange
d'entendre un voleur de profession
parler de moralité; mais, croyez-moi,
ajoutait-il, j'ai aussi la mienne, et
c'est du moins un sentiment bien ras-
surant pour moi que la certitude de
n'avoir jamais commis de violence, et
peut-être même d'en avoir empéché un
grand nombre.

« Un voleur adroit, disait-il, doit savoir où les gens couchent, et s'ils sont
vieux ou jeunes ; car les vieillards se ré-
veillent facilement et souvent après minuit, au lieu que les jeunes mariés, une

« heure après leur coucher, peuvent êtr

« visités sans crainte ».

Ce fut devant la cour de justice d
Maïence que Streitmatter parut, et qu'i
fut condamné, le 29 septembre 1810,
avec plusieurs autres brigands, lui, ave
Damien Hessel et Schmaye Nathan, à la
peine de mort, et les autres à seize, dix-
huit et vingt-quatre ans de fers.

PUGATSCHEW,

OU

LE COSAQUE DU DON.

—

LE cosaque YEMELKA PUGATS-
HEW, né à Simoreisk, sur les bords du
on, vers l'an 1726, après avoir servi
ns les troupes russes, et avoir aban-
nné ses drapeaux, forma, en 1773, le
ojet audacieux de se faire passer pour
erre III, empereur de Russie, détrôné
9 juillet 1762, par Catherine II, son
ouse, et étranglé le 17 du même mois.
moment lui paraissait favorable de l'exé-
ter, en excitant une guerre civile dans
empire dont la plus grande partie des
upes était sur les frontières. Ayant eu

l'art de persuader à des gens simples e
avides de pillage qu'il était en effet c
même Pierre III, il fit révolter quelque
Cosaques, et grossit peu-à-peu sa troupe
et ce fut en promettant à quelques Russe
les plus grandes récompenses, en leu
vantant les charmes de l'indépendance
qu'il parvint à séduire une foule de mal
heureux disposés à partager ses crimes. L
nombre de ses partisans s'étant accru con
sidérablement, il porta l'effroi, le ravag
et la désolation dans une grande étendu
de la domination de la Russie. Ses succè
alarmèrent enfin le gouvernement, qu
n'avait d'abord vu dans Pugatschew qu'u
brigand qu'il fallait livrer à la sévérité de
lois, et l'impératrice fit publier au son d
tambour dans toutes les places et carre-
fours de la capitale un manifeste contr
lui.

Ce manifeste fut appuyé par une armée
Le général Bibikow, qui la commandait

rendit en peu de temps à Casan. A son
rivée, il détacha vingt-quatre compagnies
e troupes légères pour aller reprendre
amara, qui fut enlevée aux révoltés avec
iit canons et deux cents prisonniers. Aidé
isuite de la noblesse de la province, il
vra aux rebelles plusieurs combats qui
irent suivis des plus grands succès ; mais,
ialgré les avantages qu'il remportait, il
ait obligé de demander souvent des ren-
ts, parce que le feu de la sédition
evenait de jour en jour moins facile à
feindre.

Pugatschew publiait de son côté, chaque
pur, de nouveaux manifestes. Par un ukase
avait affranchi les paysans de la cou-
onne ; et les Tartares de Budziaks, que
mpératrice avait fait transporter, après
prise de Bender, sur les rives du Volga,
inrent se ranger sous les drapeaux de
ugatschew. Ce brigand fit même frapper
es monnaies au coin de Pierre III avec

l'empreinte de sa propre figure, et cet
inscription en langue russe :

PIERRE III, EMPEREUR DE TOUTES
LES RUSSIES. 1774.

Avec cette légende au revers :

Redivivus et ultor.

Ces monnaies circulaient dans toutes l
provinces révoltées, et ce brigand étai
traité en souverain légitime par tous ceu
de son parti.

Le rôle qu'il jouait avec une folle oster
tation ne fut pas de longue durée. Le gé
néral Bibikow, après avoir forcé les re
belles de lever le siége d'Orenbourg
qu'ils pressaient vivement, attaqua l'ar
mée de Pugatschew, composée de trent
mille hommes, et la dispersa après en avoi
tué deux mille. Son chef fut assez heureux
pour échapper aux poursuites et pour ral-
lier ses troupes ; mais, peu de temps après,

prince Gallitzin le força de prendre la
ite après six heures de combat.

Depuis cette dernière action le parti de
ιgatschew diminua sensiblement. Pen-
nt le temps qu'il fut poursuivi par les
inqueurs, il fut réduit à la dernière ex-
mité dans le désert où il avait cherché
e retraite. Il y vivait d'herbes et de ra-
ies. Tel fut le sort de ce fameux bri-
nd jusqu'au moment où, trahi par des
saques, il fut livré aux généraux russes.
fut arrêté le 15 septembre 1774. On le
t dans une cage de fer pour le transpor-
r à Moskow. Ce scélérat conserva dans
n infortune l'audace du désespoir. Les
pes (1) ne purent vaincre l'opiniâtreté
ce rebelle, aigri par le crime et le mal-
ur, ni le rappeler à des sentimens reli-
eux. Il répondit à l'un d'eux : « On ne
me traite comme un scélérat que parce

(1) Ecclésiastiques du pays.

« que je suis malheureux; si j'avais réu
« je n'essuierais pas l'humiliation d'êt
« forcé de souffrir vos discours et vot
« compagnie ».

Livré, ainsi que ses complices q
avaient été saisis, aux juges ordinaire
Pugatschew répondit à ses interrogatoir
avec une audace dont il y a peu d'exempl

Condamné à mort, aucune crainte ı
parut sur son visage. Arrivé au lieu
supplice, on lui lut l'ukase impérial q
contenait le détail de ses crimes. Le bou
reau l'étendit sur l'échafaud; et, par u
méprise assez étrange, il lui coupa d'abo
la tête, ensuite les deux mains, et en
les deux pieds. Sa tête fut mise sur ı
barre de fer, et les autres parties
son corps furent exposées sur la hune.

~~~~~~

SCHINDER-HANNES.

—

JEAN BUCKLER, dit *Schinder-Hannes* (1), né en 1779, à Naastæten, bourg situé entre Nassau-Usingen et Weilbourg, d'un simple journalier de la rive gauche du Rhin, manifesta dès son enfance les inclinations les plus vicieuses. A l'âge de dix-sept ans, il fut arrêté pour plusieurs vols, et mis dans les fers. Mais il ne tarda pas à les briser, et s'échappa par-dessus les toits. Il alla trouver *Fink*, surnommé *la Tête Rouge*, qui faisait partie d'une association de brigands qui cachaient leurs opérations criminelles à l'ombre d'un prétendu commerce de chevaux, dont le dé-

—

(1) Surnom qui, en style vulgaire, signifie *Jean-l'Écorcheur*.

pôt principal était à Lipshausen. Jeun
ardent et robuste, il fut reçu avec jo
dans cette bande, qui comptait, au nomb
de ses membres, les voleurs les plus redo
tables et les plus redoutés.

De nouveau surpris dans le moulin
Weiden, Schinder-Hannes fut traduit d
vant le juge-de-paix d'Oberstein, qui
fit transférer à Saarbruck, auprès du d
recteur du jury; mais il sut encore
fois se soustraire à la juste vengeance de
loi, et rejoignit la bande du cannib
Peter-Petri, connu sous le nom de *Pierr*
le-Noir.

Buzlise-Anne, seconde maîtresse d
Schinder-Hannes, fut convoitée par u
brigand nommé Plachen-Klof, qui, n'osa
s'attaquer à l'amant favorisé, résolut d
l'arracher à son asyle. Celle-ci se sauve
Plachen-Klof, furieux de voir sa victim
échapper, enfonce les armoires, s'empar
des effets et des bijoux de Buzlise-Anne

et disparaît. Schinder-Hannes, informé du procédé du brigand, vole sur les traces de son rival, l'atteint dans une ferme, lui plonge un couteau dans le sein, et, le saisissant à bras-le-corps, le jette dans un brasier ardent où il expira.

Chaque jour était marqué par des vols et des assassinats. Ayant été saisi et traduit devant le juge de paix de Kirn, Schinder-Hannes fut plongé dans un cachot souterrain et voûté, à vingt pieds de profondeur, dans une vieille tour élevée à l'extrêmité de la ville de Simmern. On y descendait par une seule ouverture, et à l'aide d'une corde. Il ne désespère pas de s'en échapper. En effet, un prisonnier placé au-dessus de lui le retira du souterrain pendant la nuit à l'aide d'une corde tressée avec de la paille ; des préparatifs avaient été faits dans le jour, pour se frayer une ouverture. Schinder-Hannes rejoint sa bande, et, peu satisfait du com-

merce des chevaux, il propose à ses asso‑
ciés d'aller exercer leurs talens sur les
grands chemins, espèce de trafic qui, sui‑
vant lui, était le plus commode et le plus
lucratif, *attendu qu'on ne commerçait*
qu'argent comptant.

Surpris à la ferme d'Eigen , canton
de Kirn, par un gendarme qui lui saute à
la gorge, et le somme de le suivre, il est
secouru par un de ses affidés , qu'il laisse
aux prises avec le gendarme, saute par la
fenêtre et prend la fuite. Arrivé à Fulz‑
bac avec sa maîtresse, qui avait trouvé
moyen de le rejoindre, il prend le parti
de repasser sur la rive droite du Rhin :
il y fait une nouvelle maîtresse ; mais
bientôt il l'abandonne pour rentrer sur le
territoire français. Il voit à Veiberbach
une jeune et jolie fille, nommée Julie Bla‑
sius, d'une humeur enjouée, qui avait de
la voix et qui jouait très‑bien du violon.
Cette jeune fille le captive au point de lui

faire oublier toutes les femmes qu'il avait ai-
mées. Il la conduit sur la rive droite du Rhin
et l'épouse. Il lui resta constamment fidèle,
jusqu'à la fin de sa carrière, qui fut courte
comme elle devait l'être.

Cette nouvelle Psyché l'enflamma tel-
lement qu'elle le rendit poëte. Il composa
en son honneur une chanson qu'on chantait ordinairement dans toutes les fêtes de
village du Hundsruck. Il n'était point
étonnant qu'on eût adopté cette produc-
tion de Schinder-Hannes, lorsqu'on saura
que les jeunes gens de plusieurs villages
se rendaient à la ferme qui servait d'asyle
à ce brigand, pour y jouer aux cartes et
boire avec lui. Il osa même donner un bal,
et y invita les plus jolies filles des environs. Elles dansèrent gaiement avec les
bandits, qui les régalèrent splendidement.

Forcé d'aller chercher un refuge sur la
rive droite du Rhin, il ne put échapper au
sort qui tôt ou tard atteint les scélérats. Il

fut arrêté le 31 mai 1802, à un quart d
lieue de Wolfenhausen. Il est enchaîné,
conduit à Wisbaden, ensuite à Francfort,
et enfin livré aux gendarmes français, qui
le transfèrent à Maïence. La belle Julie
et le fameux Fetzer, l'un de ses affidés,
étaient ses compagnons de route. Une
roue se brise....... : « Tiens, camarade,
« dit Fetzer à Schinder-Hannes, il en est
« de même de la roue de notre vie, le
« moment est venu où elle va cesser de
« tourner ».

Arrivé à Maïence le 16 juin 1802,
Schinder-Hannes comparut le 24 octobre
1803, avec soixante-quatre accusés, parmi lesquels étaient son père et Julie son
épouse, devant le tribunal spécial de
Mont-Tonnerre.

Nous n'entrerons point dans le détail
des crimes de ce brigand; nous nous bornerons à dire qu'il fut accusé de cinquante-
trois délits spécifiés.

Dès la première audition des témoins,
il témoigna qu'il était encore susceptible
d'une espèce de sensibilité et de délica-
tesse. Son père était accusé d'avoir accepté de lui une montre d'argent prove-
nant d'un de ses vols; et Julie Blasius
d'avoir coopéré en habits d'homme au
délit commis à Weyerbach chez le juif
Sender – Isaac. Schinder – Hannes, qui
avait avoué le premier fait dans un de
ses interrogatoires, se rétracta à l'au-
dience publique. Quant à la belle Julie, il
nia hardiment qu'elle l'eût accompagné
dans son expédition chez Sender-Isaac;
il affirma que c'était un autre voleur
guillotiné à Trèves. Julie protesta de son
innocence, avec tant de force, que le juif
lui-même retira sa dénonciation.

Le vif intérêt que fit paraître Schinder-
Hannes pour son père et sa maîtresse, pendant les débats, lui avait concilié la pitié,
et pour ainsi dire l'affection d'un grand

4.

nombre d'individus. Les femmes, particu-
lièrement, affectèrent de relever tout ce
qui était à la décharge d'un chef de voleurs âgé de vingt-quatre ans et doué d'une
taille et d'une figure avantageuses.

Lorsqu'il vit approcher l'heure du jugement, il répéta fréquemment en montrant
sa Julie : « Cette fille est innocente, c'est
« moi qui l'ai séduite ». On lui apporta
son enfant, avec lequel il joua assez
gaiement.

Enfin son jugement fut prononcé ; il
portait peine de mort contre lui et dix-
neuf de ses principaux complices : son père
ne fut condamné qu'à vingt-deux ans de
fers, et Julie Blasius à deux ans de déten-
tion.

Il fut exécuté le 21 novembre 1803.

CARTOUCHE

ET SES COMPLICES.

——

ᴇ nom de Cartouche est fameux dans
fastes du crime. Ce brigand, qui a
s une célébrité plus funeste que celle
rostrate, est digne de figurer dans cette
rie de scélérats, dont l'existence,
ɔ de la société, atteste la perversité
ʼœur humain.

ᴏᴜɪs—Dᴏᴍɪɴɪǫᴜᴇ CARTOUCHE
ɹit à Paris, dans le quartier de la
tille, en 1693, d'un tonnelier peu
risé de la fortune, et chargé d'une
breuse famille.

n père, lui croyant des dispositions

à devenir un jour un grand homme,
plaça au collége des jésuites ; ce fut c̣l
ces pères qu'il fit ses premières armes,
plutôt ses premiers larcins, qui se b
nèrent à l'escamotage de quelques frui
et à dégarnir les boutiques des fruitiè
qui étalaient à la porte du collége
Clermont, avec une dextérité admira
Bientôt il parvint, sans être soupçonné
débarrasser ses camarades d'une foule
petits objets d'une médiocre valeur,
dont le produit suffisait à ses menus p
sirs.

Encouragé par ces premiers succès
résolut, pour se procurer un costu
moins mesquin que celui qu'il portait,
avec lequel il pût figurer à l'égal des aut
étudians, de tenter un vol plus hardi
plus considérable.

Un de ses camarades de classe a
reçu cent écus de ses parens. Il les vit
poser dans une cassette, et s'occupa

te des moyens de s'approprier la somme
'elle renfermait.

Le stratagême qu'il mit en œuvre n'était
s sans danger; mais le succès couronna
 efforts, et, possesseur des cent écus,
ranchit le seuil de la porte du collége,
quel il fit un adieu éternel. Il se pré-
ta chez son père : comme il avait tours une historiette à sa disposition, il
lormit le bon homme avec des contes.
Fier de son trésor, il alla le lendemain
ndre ses ébats à la foire Saint-Germain.
s l'orage grondait sur sa tête. On s'é-
aperçu du vol, et les soupçons ne pou-
t tomber que sur lui ; on en avait pré-
 le père de Dominique, qui jura qu'il
nfligerait une punition telle qu'il ne lui
 drait jamais fantaisie de se distinguer
de semblables exploits. Mais un de ses
es étant venu le chercher à la foire
t-Germain, pour le prévenir de l'ac-
l qui l'attendait à la maison paternelle,

le jeune Cartouche remercia son frère
l'avis, lui dit adieu, et prit le parti
quitter sur-le-champ Paris pour comme
cer ses caravanes. La frayeur qu'il épro
vait était telle qu'il croyait ne pouvoir tr
s'éloigner de la capitale. Il marcha jusqu
minuit sans savoir où il allait. Alors
frayeur changea d'objet : seul, dans l
ténèbres, sur un grand chemin, éloig
des habitations et possesseur d'une somi
de cent écus, il réfléchit que probabl
ment il n'était pas le seul qui eût le de
et le talent de s'approprier l'argent d'
trui ; qu'il pouvait être attaqué, n'être
le plus fort, et voir son trésor changer
maître. Il se détermina néanmoins à c
cher à la belle étoile, et se tapit au p
d'un buisson.

Au bout d'un quart-d'heure, il ent
un bruit lointain qui l'effraie. Ce b
augmente ; il distingue, à la faible cl
de la lune, une foule de fantômes biz

ient vêtus, et parlant un langage barre qui lui était inconnu. La troupe s'a-
nce et vient camper précisément tout
ès d'un buisson qui servait d'abri à Do-
nique. Un grand feu est allumé, une
ngtaine de fantômes, mâles et femelles,
gitent autour du brasier. Les uns ap-
êtent un banquet, et font rôtir quelques
ailles; d'autres dansent aux chansons,
it est en mouvement. On devine aisément
e ces honorables personnages étaient
s Bohémiens.

Cartouche ne doute pas qu'il assiste,
s le vouloir, à ce qu'il a entendu nommer
sabbat; il frémit à cette idée, ses sens
glacent, et le remords s'élève pour la
mière fois dans son cœur. Il fait vœu,
l échappe au danger qui le menace,
abandonner la carrière du vice pour
ntrer dans le sentier de la vertu. Vœux
utiles! quelques Bohémiens l'aperçoi-

vent, ils s'avancent et lui adressent la p
role ; il n'entend pas leur langage, il res
muet, mais il donne les signes d'effr
les moins équivoques. Cartouche est
plus en plus persuadé qu'il est au sabb
On finit par le détromper, on lui par
français, on l'invite à souper et sa crain
se dissipe. Il fait avec les Bohémiens
bon repas dont il avait le plus grand besoi
après quoi il s'endort paisiblement au m
lieu d'eux.

Pendant son sommeil, on prit soin de l
débarrasser de ses cent écus. A son réve
il jeta les hauts cris, et menaça de fai
pendre les scélérats qui les lui avaient dé
valisés. On lui imposa silence, en offra
de lui prouver qu'il n'était pas le plus for
et que lui-même avait volé cet argent
qu'au reste il le retrouverait au-delà, s'
voulait prendre parti dans l'honorabl
corps des Bohémiens, qui menaient un

vie libre , indépendante et pleine de charmes. Cartouche accepta la proposition avec reconnaissance.

Il resta trois ans dans cette bande , qui devint l'effroi de la Normandie , où elle exerçait son savoir faire. Ce fut à cette école qu'il acquit les connaissances funestes qu'il développa dans la suite. La justice ayant dissipé cette horde dévastatrice , il resta seul à Rouen ; craignant d'éprouver le sort de ceux qu'on avait saisis , il résolut de s'engager sur un vaisseau. Un de ses oncles , qu'une affaire avait attiré à Rouen, le reconnut sur le port , l'emmena avec lui à Paris , et le cacha dans sa maison, jusqu'à ce que son père fût disposé à lui pardonner. Une maladie qui faillit conduire Dominique au tombeau désarma le père , dont le courroux ne put tenir contre l'aspect d'un fils mourant. Le jeune Cartouche fut réintégré dans le domicile

5

paternel, et se montra pendant quelque
temps digne du pardon qu'on lui avait
accordé.

Mais le goût de la débauche et du
libertinage vint le replonger de nouveau
dans l'abyme. Il devint amoureux d'une
jeune lingère, extrêmement coquette, et
qui ne manquait pas de soupirans. Effrayé
de ce grand nombre de rivaux, Cartouche
sentit qu'il fallait, pour les écarter, prodi-
guer l'or. Il n'en avait point, il se détermina à voler son père. Mais s'apercevant
que celui-ci le surveillait, il eut recours
à son premier métier, qui le mit bientôt à
même de combler sa maîtresse de présens,
et de paraître lui-même sous le costume
le plus riche et le plus galant.

Le père étant parvenu à découvrir la
cachette où son fils déposait ses vols, y
trouva un assortiment de montres, de ta-
batières d'or, et de divers autres effets.

Il garda le silence sur cette découverte, et prit le parti de mettre son fils à Saint-Lazare : il l'y conduisit en fiacre, sous prétexte de faire marché pour 500 tonneaux qu'on lui demandait. Mais Dominique, ayant observé que la voiture était entourée par des archers déguisés, songea aux moyens de se soustraire au sort qu'on lui préparait. Arrivé à la porte de Saint-Lazare, le père descendit seul, et lui dit d'attendre un instant. Loin d'attendre le retour du tonnelier, Dominique ôte son chapeau, sa perruque, son justé-au-corps. Il reste en veste blanche, et ceint sa tête d'un mouchoir blanc, arrangé en forme de bonnet : il descend de voiture, et passe hardiment au milieu des archers, qui le prennent pour un garçon pâtissier : il disparaît au premier détour de rue ; et, persuadé que ce n'est pas chez son père qu'on viendra le chercher dans le premier instant, il s'y rend de

suite, enlève son trésor, et dit encore
une fois adieu à la maison paternelle.

Comme Cartouche n'avait d'autre but
que d'exercer son industrie dans la capitale, et qu'il redoutait les poursuites de son
père, il changea de nom, se peignit le
visage, et prit un costume étranger. Sous
ce déguisement, il continua le métier de
filou, qui pourvut abondamment à l'entretien de son libertinage. S'étant associé
avec plusieurs autres voleurs, pendant
six mois, le succès couronna les entreprises de la bande; mais trois d'entre eux
ayant été pris en flagrant délit, Cartouche
seul se sauva, et crut devoir négliger pendant quelque temps ses occupations ordi-
naires. Il avait une autre corde à son arc; il
joue, et sait forcer le hasard à lui être favorable. En conséquence, il s'introduit
dans les académies de jeu, et exploite
cette nouvelle mine avec un bonheur in-
croyable. Il roule sur l'or, il affiche le

luxe ; ses deux laquais portent des livrées superbes. Malheureusement l'un d'eux s'avise de suivre les principes de son maître ; il lui vole une somme considérable. Cartouche le fait arrêter. Ce fripon, conduit au Châtelet, a le front de déclarer que s'il y a un voleur dans la maison de Cartouche, ce voleur est Cartouche lui-même. Des indices et des soupçons qui ne tardèrent pas à se justifier le firent honteusement chasser de toutes les maisons de jeu. Après avoir fait argent de tout, il se fit raccoleur en sous-ordre, et ensuite espion de la police.

Par la subtilité d'un recruteur, ayant été forcé de s'engager, il arrive au régiment. On entre en campagne. Cartouche est brave, et se distingue en différentes occasions par des traits de courage et de dévouement. Il commande après avoir obéi. Malheureusement la guerre finit. Cartouche obtient aisément son congé. Il

revient à Paris avec les mêmes dispositions pour le vol, et avec un courage nouveau qu'il avait acquis à l'armée. Il y
rentra avec plusieurs soldats qui avaient
eu comme lui leur congé après la paix.
Ce fut sans peine qu'il leur persuada de
s'associer avec lui pour exercer en com-
mun leurs brigandages. Le nombre des
associés devint en peu de temps considérable. Cartouche dit alors à ses compagnons qu'il fallait élire un chef, et faire
un code de discipline. On convoqua, à
cet effet, une assemblée générale, dans
un lieu désert, quoique voisin de Paris.
Ce fut le premier chapitre général de cet
ordre naissant. On se rendit au nombre de
deux cents hommes au moins dans une
plaine qui avoisinait le boulevard. Là,
Cartouche harangua sa troupe avec une
éloquence qui lui mérita, par acclama-
tion, le titre de chef suprême. Ayant
accepté, il remit à un autre jour la

lecture du code. Dans une seconde assemblée, Cartouche lut ce code de lois,
qu'il avait rédigé par écrit. Une des premières lois donnait au chef un pouvoir
despotique sur tous les membres de l'association, avec le droit de vie et de mort
sur chacun d'eux, toutes les fois qu'il le
jugerait à propos ; une autre loi consistait
à exiger que tous les membres se liassent
entre eux par les sermens les plus forts.
Les autres règles de discipline avaient
pour objet la conduite de la troupe en
général, et celle des individus, suivant
les circonstances dans lesquelles ils se
trouveraient.

Cette association étant bien cimentée,
Cartouche mit sa troupe en activité, et
bientôt on n'entendit parler dans Paris
que de vols et d'assassinats. Jusque là ce
chef de bandes avait respecté la vie des
hommes ; alors il rougit ses mains du sang
de ses semblables, et devint un objet

d'exécration et d'horreur. On conçoit que ces brigands apportaient à la masse des sommes immenses ; mais les frais de l'entreprise étaient trop considérables, et le nombre des associés trop grand, pour que les profits leur permissent de se retirer, et d'abandonner ce métier périlleux.

Le systême de Law, qui culbuta toutes les fortunes, affermit et augmenta celle de Cartouche et de ses associés. Un seul portefeuille qu'ils prenaient les mettaient à leur aise, et ils en prenaient beaucoup. Ils guettaient l'homme qui sortait de la rue Quincampoix, lui asénaient sur la tête un coup de bâton armé d'une boule de fer et le dépouillaient. D'autres avaient fait des masques de poix, et en couvraient le visage et la bouche de celui qu'ils voulaient dévaliser. Les grandes routes n'étaient pas plus sûres que la capitale : on arrêtait les voitures publiques, on enfonçait les portes des châteaux. Le

28 avril 1721, les brigands masqués at-
taquèrent la diligence auprès de Châlons,
tuèrent le postillon, et s'emparèrent de
180,000 livres.

Cartouche lui-même voulut avoir part
à une opération de cette nature. Il eut
l'audace de se présenter seul, assisté
simplement d'un de ses officiers, et la
terreur était si grande qu'on ne lui op-
posa aucune résistance. Il s'empara de
tout ce qui lui sembla de bonne prise,
et disparut au grand galop avec son compagnon, auquel, à quelques lieues de là,
il brûla la cervelle, pour n'être pas
obligé de partager avec lui.

La police employa les mesures les plus
sévères contre ces scélérats; mais toutes
les mesures qu'elle prit furent insuffisantes.
On parvint cependant à arrêter quelques
coquins de la bande; plusieurs périrent
par la roue, après avoir été appliqués à

5.

la torture, sans que les douleurs leur arrachassent le nom de leur chef.

Cependant, il s'en trouva dans la suite de plus faibles, qui, à la question, prononcèrent le nom de Cartouche. Alors on donna des ordres particuliers contre lui, on promit de grandes récompenses à qui le livrerait, et l'on fit passer son portrait à toutes les maréchaussées du royaume.

Dans l'instant même où l'on mettait sa tête à prix, Cartouche s'occupait de plusieurs opérations hardies ; possesseur de 4000 louis, il eut la fantaisie de les doubler, et il y réussit par la contrefaçon d'une lettre de change sur un banquier de Lyon.

Sans cesse on tendait des embûches à Cartouche, et sans cesse il les évitait ; mais sentant enfin qu'il ne pourrait pas toujours se soustraire à des poursuites renouvelées chaque jour, il prit le parti

de s'absenter de Paris, se retira à Or-
léans, d'où il ne tarda pas à se rendre
à Bar-sur-Seine, où, à l'exemple du faux
Martin Guerre et du *faux Caille*, il figura
le *faux Bourguignon.*

Le fils d'une vieille bourgeoise de cette
ville était passé depuis long-temps en
Amérique. On n'en avait reçu aucune
nouvelle, on le croyait mort. Cartouche
qui, avant d'entrer à Bar, avait pris des
renseignemens, résolut de se faire passer
pour le fils de cette veuve. Il se présenta
en conséquence chez elle en cette qua-
lité, la pressa tendrement dans ses bras,
lui donna toutes les marques d'attachement et de respect qui doivent distinguer
un bon fils, et finit par lui persuader qu'il était en effet cet enfant chéri
dont elle avait depuis si long temps dé-
ploré la perte. La veuve, au comble de la
joie, le crut sur sa parole. Le véritable
fils de la veuve n'aurait pas donné des

détails plus précis, plus exacts, sur tout ce qui concernait la famille. Une histoire bien touchante de ses voyages, de ses aventures, de ses malheurs, termina cette première séance, à la suite de laquelle le *faux Charles Bourguignon* fut installé comme le fils légitime et l'héritier naturel de la maîtresse de la maison.

Cependant Cartouche, au bout de six mois, s'ennuya de cette vie oisive. Il crut qu'il était honteux à un homme de sa trempe, né pour les actions d'éclat, de végéter dans une petite ville de province, de se plier à une foule d'usages qui le fatiguaient, et de feindre pour sa prétendue mère des sentimens qu'il n'avait pas. Un beau jour, sans dire adieu à personne, il quitta Bar-sur-Seine et prit le chemin de Paris.

Son retour dans la capitale fut pour ses confédérés un jour de fête. Il se fit rendre compte de tout ce qui s'était passé depuis n départ, et récompensa ou punit, suivant que chacun l'avait mérité.

Ayant appris qu'on était plus que jamais acharné à sa perte, et que l'appât des récompenses annoncées et l'espoir de l'impunité avait fait impression sur plusieurs des confédérés, dès lors il ne se crut plus en sûreté; il ne coucha plus deux nuits de suite dans le même lit. Une terreur involontaire l'agitait pendant la nuit; il se croyait toujours sur le point d'être trahi par ses complices, et, pour leur en ôter l'envie, il résolut de faire un exemple qui forçât les autres à être fidèles à leurs sermens. Il choisit pour victime un jeune soldat aux gardes françaises, que sa maîtresse avait à-peu-près réussi à lui faire abandonner son parti; déjà même ce soldat avait essayé d'arracher quelques uns de ses camarades à l'opprobre et au déshonneur. Cartouche le fit égorger dans une assemblée générale tenue le 12 octobre

1721, et poussa la férocité jusqu'à lui arracher les marques distinctives du sexe,
en disant que le premier qu'il soupçonne-
rait éprouverait le même sort. Heureusement, peu de temps après, la capitale s'en
vit délivrée, et Cartouche se perdit par les
moyens mêmes qu'il avait employés pour
éloigner sa perte. Un gentilhomme poitevin, nommé Duchâtelet, également soldat
aux gardes, et qui avait été l'un des ministres de sa vengeance, auquel on avait
promis sa grace, le livra et le fit arrêter à
un cabaret de la Courtille nommé le *Pistolet*, entre Belleville et Ménil-le-Mon-
tant. Il fut conduit et déposé dans le cachot à trappe du grand Châtelet. Il avait
une main liée par-devant et l'autre atta-
chée sur le dos. Six archers le gardaient
à vue, et ils se relevaient de deux heures
en deux heures.

Qui croirait que, dans cet état, Cartouche pût non seulement s'occuper des

moyens de se sauver, mais encore exécuter ce projet? c'est cependant ce qui arriva. Ce scélérat avait trouvé moyen, en
approchant des murailles de sa prison,
d'en sonder l'épaisseur avec les fers qu'il
portait. Au bruit creux qu'il entendit, il
jugea qu'elle devait être voisine de quelque cave, et que, s'il pouvait entrer dans
cette cave, il était sauvé. Il parvint à la
longue à faire un trou assez grand pour
qu'un homme y passât. Un compagnon de
sa captivité, maçon de son métier, l'aida
dans son travail et l'accompagna dans sa
fuite. Ils descendirent dans un endroit où
ils jugèrent que plusieurs tuyaux de fosses
d'aisance pouvaient aboutir. Ils conclurent
de là que la Seine n'était pas éloignée.
Cette pensée fit naître à Cartouche le dessein de chercher l'endroit par où cette rivière entrait, et de sortir par cet endroit.
S'il eût suivi cette idée, il était sauvé;
mais le maçon lui dit qu'ils pouvaient mon-

ter par un tuyau qu'il lui montra ; que par
là ils s'introduiraient dans une cave d'où
ils pourraient sortir sans beaucoup de diffi-
culté. Cartouche le crut. Ils se trouvèrent
en effet dans une cave dont ils brisèrent
sans peine la serrure, et pénétrèrent dans
la boutique d'un layetier. Ouvrir la porte
de cette boutique, pour se trouver dans la
rue, était la chose du monde la plus aisée.
Cartouche et son compagnon se crurent au
comble de leurs vœux. Malheureusement
pour eux, un chien aboie fortement après
les fugitifs, et cet incident les trouble et
les empêche d'agir. Ses aboiemens ré-
veillent la fille du layetier. Celle-ci éveille
à son tour son père et sa mère, en criant de
toutes ses forces : *Au guet ! au guet !* Le
père descend, tenant d'une main une
vieille pertuisane, et de l'autre une chan-
delle allumée. L'une et l'autre lui échap-
pent à l'aspect du terrible Cartouche. Cependant sa fille ne cesse de crier *Au guet !*

e guet enfin arrive : on enfonce la porte, et les fugitifs, surpris, sont de nouveau chargés de fers.

Cartouche fut conduit dans les prisons de la Conciergerie, et enfermé dans le cachot de la tour de Montgommeri. Là il fut ceint d'une grosse chaîne de fer qui tombait du plancher d'une chambre haute, et ne lui permettait pas de s'éloigner.

On précipita l'instruction de son procès. On lui fit subir trois interrogatoires de suite, et, quoiqu'il n'avouât rien, les preuves étant suffisantes, les juges le condamnèrent à être rompu vif, le 26 novembre 1726, et, le 27, il fut exécuté en place de Grève, après avoir subi la question.

~~~~~~

MANDRIN,

ou

LES CONTREBANDIERS.

—

PARMI les brigands fameux que si-
gnalent les fastes du crime dans le dix-
huitième siècle, on voit figurer un homme
qui, pendant près de dix-huit mois, fut
la terreur de la ferme et répandit le carnage et l'effroi dans plusieurs provinces.

Mandrin, né dans le Dauphiné en 1724,
reçut dès l'enfance les impressions du
crime ; ses mœurs furent celles de son
père et des brigands qui l'entouraient. Le
vol, la fabrication de la fausse monnaie
étaient les uniques ressources de celui

qui lui donna l'être , et qui périt dans un combat que livrèrent à sa troupe les gardes chargés de purger la province de ces scélérats.

Après avoir fait, pendant plusieurs années, le métier de faux monnoyeur, Mandrin s'engagea et déserta bientôt avec deux de ses camarades , qu'il conduisit sur la côte Saint-André , où il choisit un asyle. En peu de temps, il parvint à former une petite troupe, qui s'occupait alternativement de contrebande et de fausse monnaie.

Son capitaine étant venu en sémestre dans les environs de la côte Saint-André, fit dire à ce dernier que, s'il ne rejoignait pas son régiment, il le ferait arrêter. Mandrin , instruit du projet de son capitaine , et l'ayant rencontré sur une route écartée, alla au-devant de lui, et le pria de l'air le plus humble de ne point le perdre. Il le supplia de venir avec lui à la

maison de sa mère, qui était à quelques
pas de là, et qu'il lui remettrait une somme
pour son congé. L'officier, trop confiant,
suivit Mandrin qui, aussitôt qu'il le vit en-
gagé dans un défilé, lui tira un coup de
pistolet; et dans le même moment brûla la
cervelle à son domestique. Les camarades
de Mandrin accoururent au bruit et s'emparèrent des cadavres et des effets. Depuis cet instant, il se décora de la croix
de Saint-Louis, et ne parut plus à la tête
de sa troupe qu'avec ce signe respecta-
ble de la valeur et du mérite.

Ayant formé des projets plus vastes,
il quitta sa retraite, et fit des excursions
dans les provinces voisines. C'était sur-
tout aux employés des fermes qu'il s'a-
dressait le plus ordinairement.

Plus d'une fois il était tombé dans les
pièges qu'on lui avait tendus; mais il
était toujours parvenu à s'en tirer par sa
force, son courage, et sur-tout par son

adresse ; son génie, loin de perdre son activité, croissait au milieu des obstacles.

Ayant conduit sur les frontières une
petite troupe qu'il avait rassemblée à la
hâte, il la plaça sur une montagne élevée,
d'où l'on apercevait les terres de France
et de Savoie, et il lui adressa le discours
suivant :

« Vous voyez, chers compagnons, un
« chef qui a su braver plusieurs fois les
« caprices de la fortune et les périls des
« combats. Éprouvé depuis long-temps
« par les bizarreries du sort, j'ai vu ma
« puissance affermie et ruinée ; j'ai com-
« mandé en souverain ; j'ai vécu dans les
« fers ; et, dans ces différens états, mon
« ame ferme et inébranlable a vu d'un
« œil égal ses pertes et ses succès. Un
« seul souvenir m'afflige. Ne croyez
« point, chers camarades, que je regrette
« cette abondance qui aurait pu éblouir
« mes yeux, ou ces plaisirs tranquilles

« que j'étais à même de me procurer si
« facilement. Que des archers m'aient
« traité avec infamie, j'excuse leurs fu-
« reurs. Que des juges imbus des préten-
« dues idées de bien public m'aient con-
« damné au supplice , j'oublie l'erreur
« de leur conduite. Les uns ont des
« maîtres , ils doivent obéir; les autres
« ont des lois , ils ont dû les suivre.

« Mais..... le dirai-je ? que de vils em-
« ployés aient porté sur moi leurs per-
« fides mains, qu'ils m'aient terrassé dans
« le combat , qu'ils m'aient insulté avec
« outrage, et qu'ils attribuent à la bra-
« voure ce qu'ils ne doivent qu'à la
« fraude ou à l'épuisement de mes forces,
« voilà, chers compagnons, ce qui fait
« l'opprobre de mes jours, et ce que je
« n'envisage qu'avec horreur.

« Mais ce glaive, ce bras qui n'ont pû
« combattre, sauront venger l'outrage
« dont mon front est couvert. Oui , je

« jure à cette race odieuse une haine im-
« placable ! je veux leur faire une guerre
« dont le feu ne s'éteindra que dans leur
« sang ou le mien. Si ma mort devient né-
« cessaire à l'exécution de mon projet,
« puissé-je, dès ce moment, immoler
« toutes ces victimes à ma vengeance, et
« descendre chez les morts » !

Après un instant de silence, Mandrin
continua ainsi, en montrant à ses compagnons les terres de France et de Savoie :

« Chers amis ! promenez vos regards
« sur ces riches contrées. Voilà le théâtre
« de nos expéditions militaires. Cette
« terre a des richesses que cette autre n'ad-
« met pas : transportons-les d'un royaume
« dans un autre ; je vous en donne le droit.
« ne songeons qu'à commercer le fer à la
« main ; et si quelques employés y met-
« tent obstacle, frappez, et portez la
« mort jusqu'au sein de leurs foyers
« mêmes ».

Ce discours produisit tout l'effet qu
Mandrin en attendait. Ses compagnons
se livrant aveuglément à ses volontés, s
rendirent sur les terres de Savoie, et ap
portèrent des marchandises de contre
bande, malgré les rigueurs de l'hiver.

Mandrin ayant appris que cinq em
ployés de la brigade de Romans étaient
sa poursuite, marcha avec quatre homme
à leur rencontre, fit faire une décharge
qui tua le brigadier avec un employé, el
en blessa deux autres.

Le lendemain, il alla frapper à la porte
d'un employé d'une autre brigade, qui
avait témoigné être fâché de ne pas s'être
trouvé avec celle de Romans, et lui demanda en quoi on pouvait l'obliger. L'employé, étonné de l'offre, voulut s'excuser.
On prit ses meubles, ses armes et son
cheval. Ce ne fut qu'en considération du
courage et de la grandeur d'ame de la
femme de cet employé, qui vit avec indif-

férence piller sa maison et emporter ses meubles, que Mandrin conserva la vie à son époux, qui devait subir la mort.

Le bruit des actions de Mandrin se répandit dans toute la province. L'espoir du gain et l'amour du pillage firent accourir auprès de lui une foule de mauvais sujets et de brigands, qui demandèrent à être inscrits dans sa bande. Le récipiendaire prêtait serment, et prenait place dans la troupe, moins selon le rang de réception que selon ses talens.

Le Dauphiné, le Languedoc, une partie de l'Auvergne, le Lyonnais et le Mâconnais, étaient inondés des marchandises de Mandrin; ce qui faisait le plus grand tort au commerce, et plus encore aux droits de la ferme. Il passa la fin de l'hiver et le printemps de 1754 à se répandre dans les villages et les bourgs de ces différentes provinces. Au commencement de juin il

6

se trouva sur les bords du Drac, et fit forcer le pont de Claie. Les employés furent repoussés dans leur corps-de-garde, dont on enfonça les portes ; on blessa plusieurs d'entre eux, et tout fut au pillage. Quelques jours après, Mandrin attaqua plusieurs employés de la brigade de Paulimart, sur la route de Montélimart, qui prirent la fuite. Un d'eux tomba à dix pas ; un second, qui s'arrêta à cause de ses blessures, fut inhumainement massacré.

Ces actes de cruauté répandirent l'alarme parmi les brigades des fermes, qui soudoyèrent des espions dans les campagnes, et ne marchèrent plus qu'avec beaucoup de circonspection. Mandrin, en ayant été instruit, donna ordre à ses gens de n'épargner aucun espion, et d'accrocher tous ceux qu'ils découvriraient aux branches des arbres, ou de les fusiller. Un soldat du régiment de Belsunce, pris pour un espion, fut tué de trois coups de fusils dans un cabaret de la paroisse Saint-Basile, dans le Vivarais.

Mandrin se répandit ensuite avec sa bande dans le Rouergue, et commit les plus grands désordres dans les villages. A son approche les femmes et les filles se cachaient. Les chemins étaient infestés de ses associés, qui exerçaient les plus grandes violences, et forçaient ceux qu'ils rencontraient d'acheter leurs marchandises.

Un marchand qui passait par Saint-Rome-de-Thara, ayant été pris pour un espion, fut poursuivi à coups de fusil. Ayant vu une porte ouverte, il entra dans la maison, en sortit par derrière et s'échappa. Mandrin le suivit, et demanda que cet homme lui fût livré; il enfonça les portes et culbuta les meubles. Il menaça du fer et du feu; tout retentissait de ses juremens. Il saisit une jeune femme par la main, et lui ordonna de lui découvrir le coupable ou d'essuyer toute sa vengeance. Cette femme était grosse, et méritait des égards ; Mandrin, inexorable, persista à la menacer de la mort, et, faisant un pas en arrière, il prit son fusil, et lui enfonça la baïonnette dans le ventre. Cette atrocité rendit Mandrin un objet d'exécration et d'horreur.

A Rhodez, à Mende, il força les entreposeurs de tabac à acheter le sien, et il continua à se montrer ouvertement. Ayant augmenté sa bande, il retourna en Suisse ; et, comme il se disposait à rentrer en France par la Franche-Comté, il apprit par ses espions que les brigades de Manthes et de Chaunève allaient à sa rencontre ; il les fatigua long-temps par des marches et des contremarches qui lui parurent nécessaires, autant pour la sûreté de sa troupe que pour le débit de son tabac. Enfin, lorsqu'il se fut défait de ce qu'il avait de plus embarrassant, il campa à côté d'un petit bois, un marais devant lui et une montagne derrière. Il fallait, pour le joindre, pénétrer dans le bois où il avait jeté du monde, ou forcer un passage étroit qu'il avait coupé par un fossé et embarrassé de chariots. Les employés, qui ne virent point le péril, s'approchèrent de ce fossé, mais il en sortit un feu terrible qui les dispersa. Ils se rallièrent cependant, et revinrent à la charge, sur un front plus étroit. Ils essuyèrent alors un feu fort vif, et descendirent dans le fossé d'où ils chassèrent les contrebandiers ; ceux-ci coururent derrière leurs chariots ; les plus ardens des employés y pénétrèrent avec eux, et se trouvèrent enfermés quand on boucha le passage. *Soyez les bien-venus*, dit Mandrin, *il ne pouvait vous arriver rien de mieux.* On leur lia les pieds et les mains.

Cependant on faisait derrière les cha-

6.

riots un feu continuel ; et la troupe des assaillans, ne remportant aucun avantage, songea à la retraite. Mandrin fit filer une partie de ses gens derrière les haies, et il sortit à la tête de vingt-deux hommes. Lorsqu'il se présenta, les employés firent une décharge, et s'aperçurent trop tard qu'ils avaient tiré sur leurs propres camarades, que Mandrin faisait marcher devant lui. Ils repassèrent le fossé en désordre, la baïonnette dans les reins, et lorsqu'ils se furent étendus le long des haies, ils essuyèrent en flanc une décharge qui acheva le combat. Ils remontèrent promptement sur leurs chevaux, laissant plusieurs morts et emmenant leurs blessés.

Mandrin se maintint quelques jours dans ce poste avantageux, et y vendit son tabac sous les yeux mêmes des employés qui n'osaient s'approcher. De là il se rendit en Savoie, et pénétra de nouveau en

France, les armes à la main, faisant acheter de vive force ses tabacs aux entreposeurs de plusieurs villes; à Montbrison, il fit ouvrir les portes des prisons, en tira quatorze criminels, en disant qu'il aimait *à répandre ses bienfaits.*

Le bruit des brigandages de Mandrin étant parvenu à la cour, on envoya des troupes pour arrêter ce scélérat. A cette nouvelle, il sentit augmenter son orgueil et son courage. Songeant à faire des recrues, il força les prisons de plusieurs villes, livra combat à des soldats du régiment d'Harcourt, et se rendit ensuite à Seure, (13 décembre 1754), où il se fit amener le receveur du grenier à sel, et l'entreposeur du tabac, pour leur ordonner de lui compter de l'argent, et de prendre du tabac. Le 18, il se présenta sous les murs de Beaune, dont il enfonça les portes. La résistance des bourgeois de cette ville devait le porter aux plus grands

excès. Il usa de modération, et défendit
le pillage. Cette-ville en fut quitte pour
une somme de 20,000 francs, payés par
les receveurs des droits du roi. Mandrin
sortit de la ville, en disant au maire :
*Ayez soin de tenir de l'argent prêt
quand vous me verrez paraître ; je vais
voir si les gens d'Autun seront plus rai-
sonnables.* Autun reçut le lendemain une
visite semblable. Le maire lui ayant demandé quel droit il avait pour lever des
contributions, on prétend qu'il répondit
*qu'il avait sur les fermes le droit qu'A-
lexandre avait sur les Perses, et celui
que César avait sur les Gaules.* On lui
compta son argent ; après avoir fait ouvrir
les portes des prisons, il partit.

Les troupes que le gouvernement avait
envoyées pour réprimer ces désordres
effrayans arrivèrent aux environs d'Autun. Mandrin était alors dans la paroisse de Brion ; il s'arrêta auprès du vil-

lage de Grenade, et s'y retrancha. Fitcher,
qui commandait les troupes légères, s'a-
vança pour le forcer, et trouva les retranchemens très-profonds et plus régu-
liers qu'on ne devait l'attendre d'un homme
qui n'avait aucune connaissance des règles
de l'art; mais né avec ce tact naturel,
qui souvent supplée à l'instruction, il vit
qu'il ne pouvait se conserver dans ce
poste; qu'il était facile de lui couper les
vivres; que tout retranchement qu'on at-
taque est presque toujours forcé; que les
gens du pays pouvaient lui tomber sur
les bras; enfin que les troupes qu'on lui
opposait étaient harassées d'une longue
marche. Il tint conseil de guerre, dans
lequel on résolut que l'on saisirait le moment favorable et que l'on sortirait. Il
quitta donc ses retranchemens dès le jour
même, et marcha le premier contre les
troupes du roi. Fitcher, qui ne s'attendait
pas à ce mouvement, fit ses dispositions à

la hâte. Mandrin, qui avait fait les siennes,
parut à la tête de ses troupes, le sabre à
la main et leur parla ainsi :

« Chers compagnons, jusqu'ici je vous
« ai menés à la fortune ; aujourd'hui je
« vous mène à la gloire. Nous avons enfin
« trouvé des hommes dignes de nous. Ce
« ne sont plus de vils employés qui ne pa-
« raissent que pour fuir, et qui ne savent
« vaincre que lorsqu'on ne résiste pas.
« Ce sont les vainqueurs des Pandours,
« encore teints de leur sang. Vous avez
« vaincu avec eux ; refuserez-vous de
« combattre contre eux ? Si vous fuyez,
« vous êtes leur proie ; si vous combat-
« tez, ils sont la nôtre. Marchons; dé-
« truisons ce corps affaibli par des mar-
« ches pénibles. Je vous livre, après la
« victoire, toutes les richesses des re-
« ceveurs, et toutes les têtes des em-
« ployés ».

Cette harangue fut suivie d'une dé-

charge qui incommoda beaucoup les hus-
sards et les dragons; mais ils tinrent ferme,
et le feu devint vif et roulant. Mandrin,
comme un bon général, se porta par-tout où
il y avait du danger. Il vola de rang en
rang, encouragea, pria, pressa, promit;
il commanda en capitaine et se battit en
soldat. Ne pouvant résister aux forces
qu'il avait à combattre, et sa troupe
ayant été dispersée, il prit la fuite.

Il continua ses brigandages jusqu'au
10 mai 1755, qu'il fut vendu par un de
ses camarades aux employés, qui le con-
duisirent à Valence. Il fut condamné à être
rompu vif et à expirer sur la roue.

On lui avait présenté un religieux pour
confesseur : il le refusa, disant *qu'il le
trouvait trop gros pour un homme qui
réchait la pénitence.*

~~~~~~

POULAILLER.

—

CE nom, qui a porté quelque temps l'effroi dans les environs de Paris, fut assimilé à ceux de *Cartouche*, de *Mandrin* et de *Raffiat*. Les gens du peuple, en apostrophant un fripon , le nommaient *Raffiat* ou *Cartouche*. A ces noms succéda celui de *Poulailler*, pour désigner un mauvais sujet, un fripon ou un coupe-jarret.

JEAN CHEVALIER, dit *Poulailler*, fit sortir son nom de la foule vulgaire des voleurs, et eut une renommée passagère. Il avait commis quelques vols; on lui attribua tous les vols qui furent commis pendant plusieurs mois ; bientôt on le chargea de tous les crimes, de tous les

assassinats; et ce simple voleur, qui n'avait
qu'un dégré au-dessus d'un filou, fut ca-
lomnié par la voix publique, qui se le figura
les mains teintes de sang , tandis qu'il
n'avait jamais attenté à la vie d'aucnn de
ses semblables.

Tour-à-tour domestique, cordonnier,
marchand de chevaux, il ne tenait pas à
son nom, il en changeait suivant le besoin. Son nom ne peut donc pas soutenir
le parallèle avec celui de *Cartouche*, qui
dominait puissamment, et ralliait les bandes
des malfaiteurs ; ni avec celui de *Nivet*,
qui avait un plus grand caractère que *Cartouche*, et même une toute autre éner-
gie (1).

La demeure ordinaire de Poulailler

---

(1) *Nivet*, ce voleur assassin, fut condamné à
la roue. Il avait des complices nombreux : comme
le chef et le plus coupable, il fut condamné, selon l'usage, à être exécuté le dernier. Montant
sur l'échafaud, il vit son camarade ployé sur la

était à Essonne; mais il faisait des excursions dans le voisinage, et même dans des cantons éloignés, et par-tout il laissait des traces de son passage.

Faisant de temps à autre le métier de marchand de chevaux, il n'en achetait jamais, mais il vendait ceux dont il venait à bout de s'emparer, ou par ruse ou par force; par conséquent point de mise de fonds, le profit était assuré.

Il changeait à volonté de nom et de profession; berger à Montry, il fit à son maître un vol de moutons. Maquignon à Quincy, il vola avec effraction, chez un fermier, de l'or, de l'argent, de l'argenterie, et du linge. Meaux, Corbeil, Essonne, Brie-Comte-Robert, Provins,

rcue, qui poussait des cris horribles. Nivet s'arrête, et lui dit : « Tais-toi. Eh! ne savais-tu pas « que nous étions sujets à une maladie de plus « que les autres hommes »? Ce mot profond fait frémir, et nous nous garderons de l'analyser.

et les villages de Guermantes, de Bus-
sy-Saint-Georges, de Noisy-le-Grand,
de Boissy-Saint-Léger, et autres lieux
circonvoisins, furent tour-à-tour le théâtre
de ses vols et de ses brigandages.

Arrêté en 1780, il fut emprisonné à
Guermantes ; mais il trouva moyen de
s'échapper. Repris une seconde fois, en
1785, il fut conduit à Corbeil, où l'on
instruisit son procès. Il fut de là transféré
à Meaux, et ensuite à Paris, en exécution d'un arrêt de la Cour, du 14 janvier
1786. L'instruction du procès fut con-
tinuée devant le lieutenant-criminel du
Châtelet. Par sentence du 26 mai, Poulailler fut condamné à être pendu et
étranglé. La sentence confirmée par arrêt du Parlement, en date du 30 juin,
reçut son exécution à la place de la porte
Saint-Antoine.

~~~~~~~~~~~~~~~~~~~~~~~~~~~~~~~~~~~~~

DUCHATELET,

L'UN DES PRINCIPAUX BRIGANDS

DE LA BANDE DE CARTOUCHE.

—

DUCHATELET, gentilhomme poitevin, soldat aux gardes, après s'être souillé de tous les crimes avec Cartouche, dont il était un des principaux complices, aurait expié ses forfaits sur la roue, si on ne lui eût accordé sa grace, pour avoir trahi et livré ce fameux chef de brigands.

Ce scélérat commit un crime à lui seul, qui fit frémir d'horreur même ses barbares associés.

Duchâtelet avait une maîtresse qu'il ai-

mait à la fureur. L'amour prend ordinairement la teinte des ames qu'il soumet à
son empire. Dans celle d'un scélérat,
accoutumé à verser le sang humain, il ne
peut être qu'une brutalité féroce. S'étant
aperçu que cette femme, confidente et
complice de ses vols et de ses assassinats
ne répondait plus, depuis quelque temps,
à ses transports avec la même ardeur, il
chercha à découvrir la cause de ce chan-
gement. Il sut bientôt qu'elle lui était infi-
dèle, et qu'elle donnait des rendez-vous
à un autre complice de Cartouche. La
rage dans le cœur, il se rendit secrètement le premier, au lieu indiqué par ces
amans. Sa maîtresse arriva et resta in-
terdite à la vue de celui qu'elle trahissait;
mais Duchâtelet, sans proférer un seul
mot, s'élance sur elle, la poignarde, lui
arrache le cœur et le dévore. Un monstre capable d'une action aussi féroce
pouvait-il avoir une ame sensible? C'est

un problême que nous laissons à résou-
dre à ceux qui réfléchiront sur la fin
de la vie de cet homme atroce.

Personne n'ignore que la justice lui avait
promis la vie, s'il parvenait à faire
prendre Cartouche. Il avait rendu ce service, on lui tint parole, et il fut affranchi du supplice ; mais la sagesse
avait mis des bornes à sa clémence,
et, en conservant la vie à Duchâtelet,
on l'enferma pour le reste de ses jours
à la Force, dans un cachot, privé to-
talement de la lumière. Il y a vécu cependant une longue suite d'années, et
y a expié ses forfaits.

Qui croirait que ce brigand, ainsi en-
seveli dans les entrailles de la terre, a
montré une ame sensible, au milieu de
la souillure des crimes dont il était
pour ainsi dire enveloppé ? Soit que l'attachement ait l'attrait impérieux du besoin, soit que la solitude dispose l'homme

à tromper son ennui, Duchâtelet, loin
de repousser les rats qui s'étaient intro-
duits dans son cachot, les accueillait
avec plaisir. Il se fit une espèce d'étude
d'apprivoiser ces animaux si craintifs,
et il y parvint. Il partageait son pain et
sa paille avec eux ; ces animaux accouraient à sa voix ; il semblait en avoir
fait ses amis. Lorsqu'ils ne paraissaient
point aux heures accoutumées, il ressen-
tait de l'inquiétude, il éprouvait du
chagrin. Il avait donné des noms différens
à chacun des individus de cette singulière société. Ces rats lui étaient devenus
nécessaires, et ils adoucissaient les horreurs de sa situation.

Un geolier tua un jour de ces rats,
qu'il avait rencontrés sur son passage. Duchâtelet l'accabla de reproches, et versa
des larmes, lui qui, peut-être n'en avait
jamais répandu aucunes. Il avoua que

jamais, dans le cours de sa vie, il n'avait essuyé une épreuve plus cruelle.

Duchâtelet, enfin, termina une vie, dont la moitié fut un tissu de crimes et d'horreurs, et le reste un abyme de misère et de douleurs. Prêt à rendre le dernier soupir, il ne vit et ne songea qu'à ses animaux. *Hélas !* dit-il, en ranimant sa voix mourante, et ce furent ses dernières paroles, *qui est-ce qui aura pitié de mes pauvres rats ?* A qui échappait cette marque de sensibilité ? à un cannibale qui avait dévoré le cœur de sa maîtresse.

C'est à de pareils traits, a dit un philosophe, *qu'on peut appeler l'homme une énigme inexplicable, un abyme qu'il est impossible de pénétrer.*

~~~~~~

MATHIAS WOBER,

SURNOMMÉ FETZER.

—

MATHIAS WOBER, que ses monstrueux excès firent surnommer par ses camarades mêmes, FETZER, c'est-à-dire le *Destructeur* ou le *Brise-Tout*, était un des principaux membres de la bande des brigands de *Creveldt* et *Neuss*, sur les bords du Rhin.

Ce scélérat, Allemand d'origine, manifesta de bonne heure la perversité de son cœur. Après avoir servi quelque temps dans les armées autrichiennes, il déserta, et suivit une horde de Bohémiens, qui l'associèrent à leurs brigandages ; mais, bientôt, s'ennuyant de leur genre de vie, ou plutôt, se croyant appelé à de plus hautes entreprises, il les quitta, et alla, rejoindre une des bandes qui infestaient les rives du Rhin. Son courage et sa férocité le firent bientôt choisir pour chef d'une partie de ces brigands qui désolèrent pendant plusieurs années les pays qu'arrose ce fleuve.

Nous n'entrerons point dans le détail de tous les crimes commis par ce monstre; nous nous bornerons à placer ici le récit d'une expédition tentée par lui, et qui, du moins, ne coûta la vie à personne.

Fetzer, suivant ses propres expressions, *gêné dans l'exercice de sa profession*, prend le parti de conduire sa bande dans les campagnes, et d'attaquer de préférence les maisons isolées.

« Nous étions embarrassés, (c'est lui-« même qui parle) sur le choix d'une « opération. Pourquoi, dis-je à mes gens

« n'irions-nous pas faire une visite à cet
« ermite qui a sa cellule près de Lobbe-
« rich (1)? Puisque ce saint homme se
« mêle de faire le commerce de sucre et
« de café, il est soumis à notre *inspec-*
« *tion.* Tout le monde applaudit à ma
« pensée. Nous nous mettons donc en
« marche vers Lobberich, la veille de la
« Pentecôte. *Notre bonne étoile* nous fait
« trouver une échelle à l'entrée du bourg;
« nous la chargeons sur nos épaules; elle
« sert à faire monter un de nos *travail-*
« *leurs* sur le toit de l'ermitage; je lui
« recommande de visiter le petit clocher;
« et sur-tout de s'assurer de la corde de
« la cloche : je savais que l'ermite avait
« coutume de la sonner lorsqu'il avait be-
« soin de secours. Mon homme coupe la
« corde et redescend sans avoir été aper-
« çu. Nous essayâmes quelques crochets

_____

(1) Canton de Creveldt.

« pour ouvrir la porte ; mais nous perdions
« du temps. J'ordonnai *de pousser un peu*
« *fort* avec une bonne solive, et bientôt
« nous nous vîmes dans la cellule du bon
« père.

 « Je fus surpris de ne point l'y trouver ;
« mon intention n'était cependant pas *de*
« *lui faire de la peine, à moins qu'il ne*
« *se fût mal comporté.* J'ai su depuis qu'il
« était en tournée pour les affaires de son
« commerce. Selon l'usage, je fis procéder
« à la visite du local. Derrière la cellule
« était une chapelle où nous ne trouvâmes
« pas le plus petit saint d'or ou d'argent,
« mais deux paysans à demi—morts de
« peur, que l'ermite avait placés là pour
« veiller sur ses marchandises. Nous n'en
« fîmes qu'un paquet bien ficelé.

 « Les coffres, les caisses sont enfoncés
« avec quelques coups de bûches. Il s'y
« trouvait peu d'espèces, mais du sucre
« et du café autant que chez un épicier

« d'Amsterdam. Je fais remplir mes sacs
« et charger tout mon monde ; mais
« nous n'étions pas à deux cents pas de
« l'ermitage qu'un orage effroyable me-
« naça de faire fondre notre sucre. Je
« trouvai donc expédient de retourner sur
« nos pas : nous nous trouvâmes fort bien
« abrités dans la cellule du bon père.
« L'idée me vint de donner un coup-
« d'œil à sa cave pour chercher de quoi
« rafraîchir la troupe. Nous y trouvâmes
« un jambon et du vin en abondance.
« Dans la joie de cette découverte, je fais
« mettre la table, et j'en fais les honneurs
« comme maître de la maison. J'aperçois
« un orgue ; je me mets à jouer tout ce
« que je savais, et je fais danser mes
« bandits. Nous attendîmes ainsi la fin de
« l'orage. Le jour commençait à poindre ;
« j'ordonnai la retraite, et tout-à-coup
« il me prit fantaisie d'endosser la robe
« de l'ermite. J'étais apparemment bien

« drôle dans ce costume ; car il n'y eut pas
« jusqu'à ces malheureux paysans qui n'é-
« clatassent de rire en me voyant affublé
« de la sorte. Je fis ainsi le chemin depuis
« Lobberich jusqu'à Creveldt, tous les
« gens de la campagne me faisant de
« grandes salutations ».

Fetzer fut exécuté à Cologne, après
avoir, à l'exemple de presque tous les
brigands ses complices, brisé plusieurs
fois ses fers. Il répondit à tous les interrogatoires avec beaucoup de calme, et même
souvent en plaisantant. Après avoir entendu son arrêt de mort, il dit : « Je l'ai
« bien méritée ».

Quelques instans avant de marcher au
supplice, il parut plongé dans les plus
profondes méditations. Son confesseur lui
en demanda le sujet. « Je pense, lui ré-
« pondit Fetzer, que je mourrais sans
« regret, si je pouvais avoir encore ma
« liberté pendant une couple d'heures ».

— « Et quel usage en feriez-vous » ? lui
demanda le confesseur, qui croyait avoir
touché son ame et excité ses remords. —
« Je ferais le plus beau vol qu'on ait ja-
« mais vu ».

~~~~~~~~~~~~~~~~~~~~~~~~~~~~~~~~~~~~~

RINALDO RINALDINI,

ou

LE BRIGAND SICILIEN.

—

RINALDO RINALDINI, né
en Calabre ou en Sicile, car les histo-
riens que nous avons consultés, ne sont
pas d'accord sur le lieu où il vit le jour,
était le plus jeune de six enfans d'un
pâtre qui avait son habitation dans les
montagnes de l'une de ces contrées. Dès
l'âge de huit ans, ses parens l'envoyèrent
garder leurs troupeaux. Quand il fut plus
grand, cette vie l'ennuya. Il desirait
avec ardeur de pouvoir s'instruire, et il
sentait un vif desir d'être un jour plus que
ses frères et sœurs. Dans une des mon-

tagnes qu'il parcourait, vivait un ermite nommé Onario, homme très-instruit,
et qui avait vécu long-temps dans le
monde ; des malheurs sans nombre l'a-
vaient porté à se retirer dans cette solitude ; il avait fui le monde, disait-il
lui-même, parce qu'à force d'en être
persécuté, il avait appris à le mépriser.

Notre jeune pâtre fut trouver ce solitaire, et lui témoigna le desir qu'il avait
de sortir de son ignorance. Le vieillard,
qui vit en lui des dispositions heureuses,
se fit un plaisir d'être son instituteur ;
il lui enseigna d'abord à lire et à écrire,
puis il lui donna des leçons de morale,
d'histoire et de géographie. Il lui prêtait
des livres que le jeune homme lisait avec
avidité ; c'étaient les ouvrages de Plu-
tarque, Tite-Live, Quinte-Curce, et des
romaus de chevalerie. Toutes ces lec-
tures échauffaient, exaltaient la tête de
Rinaldo, principalement celles des livres

des chevaliers de la table ronde. Il aurait tout sacrifié pour ressembler à un seul des héros qu'on y peignait.

Il avait dix-sept ans, l'orsqu'Onario, son maître et son ami, disparut inopinément, en laissant à l'ermitage un papier dans lequel il faisait à Rinaldo une donation de tout ce qu'il possédait. Le jeune homme vendit tout jusqu'aux livres, quitta ses troupeaux, ses montagnes, et se fit soldat. Il voulut réaliser les chimères qui lui étaient passées par la tête ; les histoires des héros, l'avaient enthousiasmé, il voulut en devenir un. En ayant reconnu l'impossibilité, il déserta, passa au service de la république de Venise, croyant pouvoir mieux réussir dans ce pays ; se voyant encore détrompé, il déserta de nouveau pour servir dans les troupes du roi de Sardaigne. Là, la fortune parut lui sourire un instant. On était en guerre avec une puissance voisine, et il se dis-

tingua dans plusieurs actions par son intrépidité ; un général le remarqua , et
s'intéressa à son avancement. Rinaldo
parvint au grade de porte-drapeau, après
avoir passé par tous les autres. Son colo-
nel , homme fort dur , le maltraita un
jour pour une faute légère. Né violent ,
il ne put supporter cet outrage , tira son
épée , et força son chef à se défendre.
Avant qu'on ait pu les séparer , il avait
tué son homme. Il prit la fuite. Il erra
long-temps dans l'Italie , sans savoir quel
parti prendre. Dans un de ses voyages ,
il fut attaqué par des bandits ; il succomba,
après s'être défendu comme un lion. Sa
bravoure lui gagna l'estime de ceux qui
l'avaient attaqué. Ils l'emportèrent et
prirent soin de lui. Quand il fut guéri , il
prit parti avec eux, devint bientôt leur chef,
et les organisa en corps d'autant plus redoutable qu'il était intrépide et bien dis-
cipliné. Nous allons suivre ce fameux

chef de brigands dans ses courses, et donner un récit succint de ses entreprises les plus fameuses.

Rinaldo, dont la tête avait été mise à prix par les républiques de Lucques, Venise et Gênes, rassembla sa troupe et lui dit :

« Mes amis, mon plan est d'abandon-
« ner les montagnes d'Albonigo ; partons
« sur l'heure ; ce soir vous camperez dans
« le vallon où est situé la chapelle de
« San-Giacomo : demain, à midi, vous
« serez rendus dans la plaine qui se
« trouve au centre des quatre montagnes
« de la Céra. Si mon projet n'est pas dé-
« concerté, nous avons un coup hardi à
« exécuter ».

On se prépara au départ. Girolamo se mit à la tête de l'avant-garde, Altaverde suivit avec le gros du corps, et Cinthio conduisit l'arrière-garde. Quant à Rinaldo, ayant pris sa guitare et son fusil, il se di-

rigea vers un autre chemin. Après avoir
marché quelques heures, il rencontre un
vieillard nommé Donato, chez lequel il
soupe, et qui lui donne un asyle pour
la nuit. Sur les deux heures du matin des
brigands frappent à la porte de l'ermitage :
on leur ouvre; Rinaldo reconnaît que ce
sont de ses gens; ils restent attérés en sa
présence. Il fait feu sur l'un d'eux et lui
casse l'épaule. « Rejoignez vos compa-
« gnons, dit-il aux autres; demain vous
« me verrez, et vous recevrez votre puni-
« tion ».

Dès le grand matin Rinaldo sortit pour
prendre l'air; il rencontra Aurélia, qui
habitait la ferme voisine, et qui venait
quelquefois visiter Donato. Il lia conversation avec elle, et lui déclarait son
amour, lorsque Cinthio s'approchant lui
annonça qu'il y avait de la rumeur parmi
ses gens. Il arrive, après une heure de
marche, à l'endroit où ils étaient campés;

et, après avoir rétabli la subordination parmi eux, et donné de nouveaux ordres pour une expédition, il retourne à l'ermitage, où Donato lui apprend qu'Aurélia est au couvent.

Une caravane de voyageurs était campée dans un vallon de palmiers, proche Oriolo. Sur l'avis que lui donna Cinthio, Rinaldo s'avance vers elle avec un de ses gens, et, s'adressant à deux dames, il leur dit : « Donnez-moi vos bagues, vos « montres et cent séquins. Pour vous dé- « dommager, je vous donnerai une carte « d'assurance pour aller jusqu'à Florence « avec sécurité ».

Vers la nuit, il rassembla sa troupe ; le lendemain, à l'aurore, il fut réveillé ainsi que ses gens par une vive fusillade ; ils coururent aux armes et virent bientôt leurs avant-postes se replier sur eux. — Nous sommes entourés par la milice toscane. — Entourés ! s'écria Rinaldo, eh

bien ! il faut combattre ; sonnez du cor,
pour rassembler les piquets détachés........
La troupe réunie formait quarante-neuf
hommes ; le combat s'engage avec le gros
du corps de milices, l'affaire devint terrible ; Rinaldo, en se battant comme un
lion, voit trois des siens tués à ses côtés ;
le carnage est affreux ; Sévéro, un de ses
capitaines, avec douze de ses gens, sont sé-
parés de leurs camarades dans la mêlée,
et tombent percés de coups. Rinaldo fait
les efforts prodigieux, parvient à se faire
jour, et gagne la frontière, seul et sé-
paré de ses compagnons. Accablé de fa-
tigues, il s'enfonce dans la forêt voisine,
rencontre une source où il se désaltère,
et un paysan qui lui vend du fromage et
les saucisses qu'il portait à la ville, et
dont il fit un repas dont il avait le plus
grand besoin.

En sortant de la forêt, il acoste une

troupe de Bohémiens, qui lui vendirent une jeune fille nommée Rosalie , qui consentit volontiers à le suivre. Après avoir marché quelques heures avec elle , il vit arriver à sa rencontre quelques-uns de ses affidés , qui étaient parvenus, après avoir perdu presque tous leurs compagnons , à échapper aux milices. Il leur fit part du dessein qu'il avait de se rendre à Florence , pour savoir si le bruit de sa mort s'y confirmait , et connaître le sort de ses camarades. Ayant laissé le commandement à Altaverde , pendant son absence, il monta à cheval. Rosalie le suivit , vêtue en homme et montée sur un mulet.

Il tourna ses pas vers Ariolo , prit sa route à travers les montagnes, et se rendit à l'ermitage de Donato , avec lequel il renouvela connaissance. Il lui demanda des nouvelles d'*Aurélia* : l'ermite lui apprit qu'il était son oncle ; que sa nièce était avec son père, le prince della Rocella.

Le lendemain, après avoir fait ses adieux au vieillard, et lui avoir donné une carte d'assurance, il alla chercher la place où il avait caché son or, et le retrouva fort heureusement. La charge des trésors qu'il avait déterrée étant devenue trop pesante, il acheta à Carsina une voiture, et voyagea ainsi sous le nom du comte d'Albrogo.

En entrant dans Césina, il vit sur la grande place un chanteur qui faisait entendre une romance sur les actions de Rinaldini et sa mort dans un combat. Rinaldo lui donna une pièce d'argent.

Une rencontre qu'il fit, et à laquelle il ne s'attendait guère, le força, pour sa sûreté, à prendre une autre route, et à s'éloigner de Venise ou d'Urbino, où

il avait dessein d'aller. Il vendit ses
mules et sa voiture, renvoya quelques-
uns de ses affidés qui étaient avec lui,
enfouit de nouveau ses trésors et marcha
droit vers les Appenins. Là , ayant
trouvé une cellule vide, il s'y établit avec
Rosalie. Altaverde et Cinthio vinrent l'y
rejoindre; mais craignant d'y être découvert, il alla dresser sa tente sur le
sommet d'une montagne ; ayant passé
sa troupe en revue , il la trouva forte
de quatre-vingts hommes , qu'il dispersa
dans les bois environnans jusqu'auprès
de Brandalino. Quant à lui, il se dirigea vers un château qu'il aperçut dans
l'éloignement. Ce château était celui du
baron de Roverzo ; Rinaldo y pénètre
et apprend de la bouche même d'Aurélia les mauvais traitemens que son
époux lui fait endurer. Rinaldini résolut de la venger , et, ayant rassemblé
sa troupe, fait une irruption dans le

château, d'où, après avoir exercé sa
vengeance contre le baron et deux de
ses amis, il fait sortir Aurélia, et la
fait conduire au couvent de Sainte-
Claire.

Cependant des troupes étaient à la
poursuite de ce brigand, qui, comme
un nouveau Protée, à l'aide de ses dé-
guisemens, échappait toujours à leurs
recherches. Sa bande était presque
anéantie. Il prit alors le parti, après
avoir laissé Rosalie dans l'ermitage de
Donato, de quitter les états de l'église
et de se rendre à Naples, où il s'annonça sous le nom du comte de Man-
dochini.

Un jour qu'il se promenait sur le
port, une chaloupe débarque. Rinaldo,
faisant peu d'attention à ce qui se passe
autour de lui, se trouve au milieu des
arrivans, des matelots et des porte-
faix; il se sent légèrement frapper sur

l'épaule ; il se retourne, et Rosalie, en habit d'homme, lui saute au cou. Rinaldo l'emmène dans sa demeure, et fait enlever deux coffres qu'elle avait apportés. Celle-ci lui raconte ce qui lui était arrivé depuis son départ.

Des soupçons fondés que Rinaldo était à Naples, la rencontre qu'il fit de Ludovico, l'un de ses gens, et plusieurs autres circonstances impérieuses le déterminèrent à quitter cette ville, où il laissa Rosalie, à laquelle il prescrivit de le rejoindre, avec Ludovico, dans quelques jours à Cosenza.

Il se vêtit alors en pélerin, quitta Naples, prit le chemin de Salerne, poursuivit sa route jusqu'à Clarimonte, où une fièvre ardente le contraignit de s'arrêter quelques jours. Après avoir repris un peu de forces, il s'enfonça dans les montagnes de Mormando, où il rencontra Cinthio, à qui il raconta ses aven-

tures, depuis l'instant où ils avaient été
obligés de se séparer. Au bout de huit
jours Ludovico et Rosalie, avec ses trésors, vinrent le rejoindre.

Le lendemain, Rinaldo descendit des
montagnes, et s'approcha du bourg de
Fiscaldo ; on y célébrait la fête du
patron de la contrée. Des moines avaient
élevé un théâtre sur la principale place
de ce bourg, et y vendaient des amu-
lettes, des rosaires, et d'autres saintes
bagatelles. La recette fut abondante,
et tomba malheureusement le soir dans
les mains de Rinaldo.

Ce brigand, qui a entendu prononcer
son nom dans cette foule de monde,
passe, avec Cinthio, au travers d'un
aqueduc ruiné et quitte Fiscaldo. Arrivés sur la hauteur où est situé l'ermitage de San Sépolcro, ils entendent
sonner la trompette et toutes les cloches
de la vallée. Ils gagnent alors prompte-

8.

ment San Lucito, dont les approches
étaient très-escarpées.

Ayant rassemblé ses gens, au nombre
de cinquante-six, il prend le chemin de
la Vally. On lui apprend en route que
Cinthio, avec quinze hommes, est aux
mains avec les milices, et qu'il se bat-
tait en désespéré. Sans perdre de temps,
Rinaldo tombe avec tant de fureur sur
les milices qu'il les force à la retraite.
Mais bientôt une trentaine de dragons
fondirent sur lui à l'improviste ; il se
défendit comme un lion, mais ses camarades ayant tous été tués à ses côtés,
il fut obligé de se rendre. Lié et désarmé, on le conduisit dans un château
voisin, d'où il ne tarda pas à s'échapper
par les soins d'une femme, nommée
Olimpia, qu'il avait connue à Naples, et
qui lui remit une lettre pour le marquis
de Romano, à Messine.

Arrivé dans cette ville, Rinaldo se

présenta chez ce marquis, qui l'accueillit
avec empressement et cordialité; mais
une aventure désagréable le força bientôt de quitter cette maison. La comtesse
de Mortagno, dont il avait obtenu des
faveurs, lui dit : Dans les montagnes de
Remata, je possède un château où il est
impossible de te découvrir ; il faut t'y
retirer sans délai. Voilà une lettre pour
le concierge. Je t'y donne le nom du
baron de Teguano, l'un de mes parens ;
un cheval est sellé à la porte du jardin,
pars ; je t'y donnerai de mes nouvelles.
Dans sa route il rencontra Ludovico,
qui lui apprit que c'était lui qui avait
tué le capitaine corse qui en voulait à
sa vie.

Viens avec moi, brave garçon, lui
dit Rinaldino, et au premier endroit je
te ferai donner ce qui t'est nécessaire.
Au premier village il lui acheta une
mule, et ils poursuivirent leur chemin.

Le sixième jour ils arrivèrent au lieu de leur destination.

Le château était au milieu des montagnes; des bois épais l'entouraient; il était fermé par des murs fort élevés et un fossé très-profond, que l'on passait sur un pont-levis.

Le concierge, sa femme, sa fille, une servante et un vieux invalide, étaient les seuls habitans de ce manoir.

Rinaldo employait son temps à parcourir les montagnes et les bois environnans, à lire quelques vieilles chroniques, et à écouter les récits que lui faisait de ses exploits le vieux invalide Giorgio, et les aventures arrivés dans les environs que lui racontait le concierge.

Un soir, ce dernier, au sujet d'une aventure d'esprits et de revenans, ajouta: Je vous assure, monsieur le baron, qu'il ne ferait pas bon se hasarder à entrer dans la grande salle qui est ici dessous.

Il y a là des choses..... — Eh bien ?
dit le baron, je tenterai l'aventure avec
Ludovico.

Le lendemain Rinaldo s'arme ; des
flambeaux furent allumés, et il s'ache-
mina, avec Ludovico, vers la salle tant
redoutée, où ils pénétrèrent et en ouvrirent les volets.

La salle formait un grand carré long;
des lambeaux de tapisserie couvraient
encore quelques parties des murs , où
pendaient des armoiries et des anciens
portraits de famille; il ne s'y voyait pas
le moindre meuble. Ils ouvrirent la porte
du fond, trouvèrent un escalier, et descendirent quarante marches. Une porte
les empêche d'aller plus loin ; ils en
firent sauter la serrure ; mais un nouvel
obstacle les arrête. Les verroux étaient de
l'autre côté et fermés. Ils n'eurent d'autre
expédient que de jeter la porte par terre.
Alors il aperçurent un chemin voûté.

Après avoir marché environ cinquante pas, il rencontrèrent un escalier qui conduisait plus bas. Il était, comme le premier, terminé par une porte qu'ils enfoncèrent avec la même facilité. Une nouvelle route se présenta, et après l'avoir parcourue, ils se trouvèrent dans un espace de forme ronde, dont la voûte était plus élevée, et au fond duquel était une porte de fer.

Nous sommes, dit Rinaldo, dans les souterrains du château. Ils se préparaient encore à enfoncer cette porte, lorsqu'ils entendirent des gémissemens qui paraissaient sortir de l'intérieur. Rinaldo frappe fortement à la porte et s'écrie : Qui que vous soyez, ouvrez, ou je mets la porte en pièces. — Qui vient troubler le repos des habitans des souterrains, dit une voix forte et lugubre ? — Quelqu'un qui veut apprendre à les connaître. — Nous ne voulons pas satisfaire ta curiosité. —

uvre, ou je brise la porte.—Si tu te
crois assez courageux, pour soutenir notre
aspect, demande au comte de Mortagno
la clef de ce souterrain ; il te la donnera.
— Le comte n'est plus depuis trois ans.
La voix intérieure garda le silence, et
Rinaldo impatienté jeta la porte en dedans. Il se trouva dans un cachot obscur
et voûté : une figure longue et blanche
s'en éloignait à grands pas ; il veut la suivre, elle ferme avec violence sur elle
une autre porte de fer, qui éteint le flambeau de Rinaldo. Resté dans l'obscurité,
il ne sait de quel côté tourner ses pas.
D'un des angles du cachot, une voix se
fait entendre. — Dieu du ciel, abrège
mes jours ! — Qui parle ici ? — Si tu es un
libérateur, viens au secours de la créature
la plus infortunée. Si au contraire, tu es
le barbare comte de Mortagno, mets
un terme à ma misérable existence, ou fais-
moi jouir de l'aspect du soleil dont je suis

privée depuis si long-temps. — Le comt
de Mortagno est mort. — Mort! les dieu
soient loués! mes souffrances vont finir
— Oui, je veux te sauver.

Ludovico vint le rejoindre avec u
flambeau; Rinaldo ajouta : Toi qui vien
de me parler, où es-tu? — Ici, dit l
voix; et, en suivant sa direction, il aper
çut un trou rond, élevé d'environ cin
pieds de terre, et garni de barreaux d
fer : il s'approche et recule d'horreur
en apercevant une femme dans l'éta
le plus déplorable. — Ah! dit l'infortunée
mes yeux ne peuvent soutenir l'éclat d
la lumière. Rinaldo envoya de suite Ludo
vico au château, chercher les outils néces
saires pour briser les barreaux qui rete
naient la malheureuse prisonnière. Rest
seul avec elle : — N'as-tu jamais vu la lu
mière dans ces lieux, lui demanda-t-il
— Quelquefois, la faible lueur d'un
lampe, lorsque le gardien m'apporta

du pain, de l'eau et de la paille. — Es-
saies de t'accoutumer peu-à-peu à celle
de mon flambeau, afin de pouvoir soutenir celle du jour. — Eh quoi ! je la
reverrais ? — Je t'en donne l'assurance. —
Dieu tout puissant ! je te rends graces !
récompense mon libérateur, et bénis-le à
jamais.

Ludovico revint avec des outils, une
bouteille de vin, de la viande froide et
du pain. Ils firent prendre un peu de
nourriture à l'inconnue ; après quoi, ils
brisèrent les barreaux, et élargirent assez
le trou pour qu'elle pût y passer. Cette
créature faible, pâle, maigre, à peine
couverte de quelques lambeaux de toile,
ressemblait à un squelette ; ils l'emportèrent, et la mirent dans un lit, où elle
s'endormit profondément.

Au bout du quatrième jour, elle instruisit Rinaldo de la cause de son infortune, dont l'auteur était le comte de

Mortagno, qui, après l'avoir séduite, l'avait fait enfermer dans ce souterrain.

Quelques jours après, la comtesse de Mortagno vint rejoindre Rinaldo. Après les doux épanchemens de l'amour, la comtesse lui déclara qu'elle portait en son sein un fruit de leur tendresse ; et lui demanda en même temps s'il était véritablement le marquis della Cintra, sous le nom duquel il s'était introduit chez elle. Sur sa réponse négative, elle réitéra ses questions, et parvint enfin à savoir qu'il n'était autre que Rinaldo. A ce nom, elle tomba sans connaissance ; on la porta dans son lit, et le lendemain, elle fit remettre à ce chef de brigands le billet suivant :

« Infortuné ! tu as empoisonné mes jours
« pour jamais. Je ne puis ni ne dois te
« revoir. Abandonne-moi à ma cruelle
« destinée, et tâche d'éviter le sort qu'on
« te prépare ».

Rinaldo dit aussitôt à Ludovico de seller leurs montures, et ils quittèrent à l'instant le château.

Après quelques journées, ils rencontrèrent une voiture attaquée par des bandits de la bande de Luigino. Rinaldo avec Ludovico fondent sur les assaillans, qu'ils mettent en fuite. S'approchant de la voiture, il reconnaît le baron de Dénongo avec sa fille ; celui-ci lui dit : Monsieur, je vous ai les plus grandes obligations ; sans votre intrépidité, nous aurions été dépouillés, et peut-être cruellement maltraités. Je vous en conjure, veuillez m'accompagner jusqu'à mon château. Ils y arrivèrent après six heures de marche.

Le baron s'empressa de témoigner à Rinaldo sa reconnaissance, en l'engageant à rester quelque temps au château. Pendant le séjour qu'il y fit, une nouvelle troupe de brigands vint pour le piller ; Rinaldo, en se nommant, parvint à les détourner de leur dessein, et retint avec lui Néro, qui avait servi ci-devant dans sa bande.

Le lendemain de cette aventure, il fit seller ses chevaux et partit accompagné de Néro et de Ludovico, avec lesquels il atteignit les montagnes de Cérano.

Vers le soir, ils s'arrêtèrent à la porte d'une auberge, où au nom de Rinaldini, qui fut reconnu, des muletiers, des voyageurs et deux dragons de patrouille, qui se trouvaient là, accoururent : Rinaldo veut se mettre en défense; on le saisit par derrière; six hommes se jettent sur lui, et parviennent à le terrasser. On lui lie les pieds, et on lui attache les mains derrière le dos.

Luigino, qui était dans les environs avec sa bande, ayant été instruit de l'évènement fâcheux arrivé à Rinaldo, accourut aussitôt à l'auberge, le délivra des mains de ceux qui se promettaient une grande récompense, en le livrant à la justice.

Rinaldo se rendit dans la tente de Luigino, où, quelques instans après, on vint annoncer à ce dernier que l'on avait rencontré une pélerine dans les montagnes, et qu'on l'amenait.

C'est Rosalie ! s'écria Rinaldo. Il s'élance hors de sa tente, et vole dans les bras de sa bien-aimée. Celle-ci lui raconte ses aventures depuis l'instant qu'il avait été forcé de la quitter. Après s'être donné les marques les moins équivoques de leur amour, Rinaldo eut un entretien avec Luigino, Corse d'origine, qui lui proposa de passer dans cette île pour délivrer ses compatriotes de la tyrannie des Génois. Rinaldo accepta la proposition avec enthousiasme ; ils s'entretenaient des moyens à prendre pour l'exécution de leur plan, lorsqu'un des leurs vint les avertir qu'ils étaient attaqués par quatre cents hommes de troupes. On fit alors des dispositions pour combattre, ou pour s'échapper en cas qu'il y eût impossibilité de se défendre.

Malgré le courage et l'intrépidité des chefs, les bandes furent dispersées. Rinaldo gagna une forêt où il fut bientôt assailli par de nouvelles troupes ; accablé par le nombre, il se voit contraint à reculer ; adossé contre un mur, il se défend comme un lion. Ses camarades sont tous hachés à ses côtés, son sabre se rompt dans ses mains , et il est forcé de se rendre. On lui lie les mains , et on lui met les fers aux pieds. Comme il se plaignit de lassitude, on le fit monter sur une charrette que l'escorte entoura avec soin. Vers le soir, il arriva à Serdonna, et le juge du lieu ordonna de le faire partir le lendemain pour Messine.

Vers le matin, on le tira de sa prison pour le conduire au lieu de sa destination.

Un officier de milice lui donna un billet, en le priant de le lui rendre lorsqu'il l'aurait lu, il l'ouvre, et y lit ces mots :

« Tu as soutenu l'épreuve, ne doute « point des secours de ton amie ».

Il rendit le papier. On le fit monter dans une voiture entourée d'une forte escorte, et l'on se mit en route.

A la chûte du jour, au milieu d'un étroit vallon, il partit, du bois qui le bordait, une décharge de mousqueterie sur l'escorte de Rinaldo. Le combat s'engagea vivement ; mais enfin, l'escorte fut mise en déroute. Des hommes, dont il ne put distinguer les traits, brisèrent ses liens, le firent monter sur un cheval qu'ils lui présentèrent, et partirent avec lui au grand galop.

Déposé dans un ermitage, il y rencontra Olimpia, qui l'instruisit que c'était à elle-même à qui il devait sa délivrance.

Le lendemain, il prend un fusil, quitte
sa retraite et Olimpia qu'il avait surprise couchée avec un beau jeune homme.

Après avoir fait quatre ou cinq lieues,
il aperçut le château de la comtesse de
Martagno où il s'arrêta quelques jours, et
où il fut encore le héros de quelques
aventures un peu trop merveilleuses
pour qu'on y puisse ajouter foi ; ce qu'il
y a de certain, c'est qu'il rencontra à
quelques lieues de ce château, derrière
un buisson, son fidèle Ludovico, telle-
ment maltraité, qu'il inspirait en même
temps l'horreur et et la pitié. Celui-ci
lui raconte sa mésaventure, et lui dit que
s'étant retiré le soir dans un espèce
d'ermitage, il y avait été violemment
étrillé par des revenans.

Des muletiers qui descendaient une
montagne voisine, et qui allaient charger
du sel à Saldona, moyennant un prix
convenu, placèrent sur une de leurs

mules Ludovico, qui se trouva très-con-
tent de se trouver sous une pareille escorte.

Arrivé à Saldona, Rinaldo, après
avoir fait habiller Ludovico, se remit en
route. Avant d'arriver à Mérona, ils rencontrèrent deux hommes conduisant des
mulets; Ludovico les reconnut pour ap-
partenir à la bande de Luigino.

Ceux-ci lui rapportèrent que Luigino
avait partagé son corps en deux; il en
commande la moitié, et l'autre partie
est sous les ordres d'Amalato. Ayant
été coupés de l'une de ces bandes et ne
pouvant joindre nos camarades, nous
travaillons pour notre compte jusqu'à
nouvel ordre. Avez-vous une retraite,
leur demanda Rinaldo? — Oui, dans des
rochers escarpés, et pour ainsi dire ina-
bordables. — Je vais avec vous; et il
prit avec eux le chemin des rochers, où
il trouva la petite troupe rassemblée, qui,

9.

au bout de quelques jours, s'augmenta encore de quelques gens de Luigino.

Rinaldini, se voyant à la tête de vingt-cinq hommes, dirigea sa marche par la chaîne des montagnes qui se trouve derrière Saldona, et établit son camp dans un vallon profond et désert, qui était dominé par des rochers très-escarpés.

Il y était depuis quelques jours, lorsque plusieurs de ses gens, qu'il avait mis en vedette, vinrent l'avertir qu'on entendait des chevaux s'avancer.

Peu d'instans après, on vit arriver, à la lueur des flambeaux, quatorze cavaliers habillés de noir, qui escortaient un carosse attelé de six mules.

Après avoir fait ses dispositions, Rinaldo alla à leur rencontre, et leur demanda ce que renfermait la voiture qu'ils conduisaient. — Nous n'avons rien à vous répondre, lui cria-t-on. — Aussitôt Rinaldo fit feu sur le conducteur du

carrosse; vingt-cinq coups de fusils de
ses gens partent en même temps. Huit
des cavaliers tombèrent de cheval. Les
autres, ayant déchargé leurs pistolets
sur Rinaldo et sa bande, s'éloignèrent
au grand galop. Celui-ci ne perdit que
deux hommes dans cette affaire. S'étant
approché de la voiture, il ne vit dedans
qu'un cercueil. Ses bandits s'emparèrent
des sept chevaux qui étaient restés sur le
champ de bataille.

Bientôt le son des trompettes dans
l'éloignement, et le tocsin qui sonnait
l'alarme dans tous les villages, se firent
entendre.

Fuyons, fuyons, dit Rinaldo ! Em-
menons la voiture et gagnons les montagnes. Il se jette aussi-tôt sur un cheval
que lui présente Ludovico et suivi de
plusieurs des siens, il s'avance rapidement vers le défilé.

Parvenue à la pointe du jour, dans un vallon, la petite troupe s'y arrêta.

Rinaldo fit tirer le cercueil de la voiture ; il était extrêmement lourd. On enleva le couvercle, et l'on vit, avec autant de surprise que de satisfaction, qu'il était rempli d'or et d'argent. Il fit aussi-tôt le partage de cette riche prise, et ne retint pour lui qu'un cheval et trois cents ducats.

Comme vraisemblablement on va nous poursuivre, dit-il à ses gens, il faut nous séparer. Il les divisa alors en petites troupes, et leur indiqua les chemins qu'ils devaient suivre, pour trouver l'endroit où s'était retiré Luigino, et promit de les y rejoindre. Ensuite montant à cheval avec Ludovico et Jordano, ils prirent tous trois la route de Nisetto.

Après quelques heures de marche, ils rencontrèrent une voiture, dans laquelle était Olimpia à côté d'un inconnu. Bientôt un nuage de poussière leur annonça des cavaliers. C'était un détachement de dragons. L'officier qui les commandait demanda à Rinaldo comment il se nommait.

RINALDO.

Je suis un voyageur, d'une des premières familles de Naples ; je m'appelle le baron de Tegnano : les deux hommes que vous voyez sont mes valets.

L'OFFICIER.

Vous avez sans doute un passe-port ?

RINALDO.

Oui, certainement ! et qui plus est des lettres de recommandation du gouverneur de Nisetto, dont j'ai l'honneur d'être le neveu.

L'OFFICIER.

Vous avez bien fait de vous mettre en

règle ; car vous seriez arrêté par-tout où il y a des militaires, et vous en rencontrerez sur votre route.

RINALDO.

Que craint-on ? Redoute-t-on la descente de quelques corsaires barbaresques.

L'OFFICIER.

Non ; ils sont trop éloignés de nos côtes. Mais les environs sont infestés de brigands. On dit même que le fameux Rinaldo est à leur tête.

RINALDO.

On me l'avait bien assuré, mais je ne pouvais pas le croire.

L'OFFICIER.

Rien n'est cependant plus vrai. Il existe aussi une autre troupe de scélérats ; on ignore encore si elle appartient à ce fameux chef ; ces bandits portent des habits noirs faits comme ceux des moines, et répandent l'alarme et la terreur dans ces cantons. Vous avez raison d'être bien armé, ainsi que vos valets; si vous le de‑sirez, je vous fournirai une escorte.

RINALDO.

Je vous en remercie avec reconnais‑sance; car je présume n'en avoir aucun besoin.

L'OFFICIER.

Vous n'avez pas d'idée de ces scélé‑rats : un fort détachement de troupes, soit à pied, soit à cheval, n'est pas toujours en sûreté devant eux ; ils se battent en désespérés. Acceptez la moitié de mon monde.

RINALDO.

Non, je vous rends mille graces.

L'OFFICIER.

Vous allez à Molano ?

RINALDO.

Oui, et j'y vais pour affaire urgente.

L'OFFICIER.

Vous en êtes peu éloigné; nous ve-
nons de nétoyer cette route, sans cela
je ne vous laisserais pas aller seul.

RINALDO.

Vous avez bien des bontés.

L'OFFICIER.

Je vous souhaite un bon voyage.

RINALDO.

Je vous salue cordialement.

Et ils se séparèrent. Rinaldo, avec ses
deux bandits, doubla le pas, non pour se
rendre à Molano comme il l'avait dit à
l'officier, mais il appuya sur la gauche,
pour chercher une retraite dans les mon-

tagnes. Vers midi, ils entrèrent dans un village qui se trouvait sur leur route. A quelques pas plus loin se présenta un couvent de Camaldules, où l'on recevait les voyageurs. Ils y entrèrent pour dîner.

Pendant que l'on préparait le repas, Rinaldo sortit pour admirer la campagne au milieu de laquelle était situé le couvent. En s'approchant d'un épais buisson, il est assailli par des gens qui étaient cachés derrière. On s'élance sur lui, on le terrasse, on le lie, et on l'emporte. Quand on eut fait une centaine de pas, on s'arrêta; et, à un signal donné, un trappe couverte de gazon se lève. Rinaldo et ceux qui l'avaient arrêté, descendirent quelques marches d'un escalier très-sombre, et la trappe se referma sur eux. Ils montèrent un autre escalier aussi fermé d'une trappe, et parvinrent enfin dans une cour assez vaste. Là, après avoir désarmé notre chef de brigands, ils le délièrent. Rinaldo ayant demandé où il était, on lui répondit qu'il le saurait avec le temps.

Un concierge se présenta devant lui avec trois clefs.

LE CONCIERGE, *en les lui offrant*.

Voilà les clefs de trois chambres qui vous sont destinées dans ce château....

RINALDO.

Des chambres !

LE CONCIERGE.

Oui.

RINALDO.

Je ne suis donc pas en prison ?

LE CONCIERGE.

Non, sans doute ; une telle demeure n'est pas faite pour monsieur le baron.

RINALDO.

Tu sais donc qui je suis?

LE CONCIERGE.

Tout ce que je sais, c'est que j'ai reçu les ordres de vous servir, et que vous ^tes un baron dont on ne m'a pas dit le nom.

RINALDO.

Mais, enfin, quel est le château dans lequel je me trouve actuellement?

LE CONCIERGE.

Je l'ignore.

RINALDO.

Au pouvoir de qui suis-je ici?

LE CONCIERGE.

Je le sais encore moins.

RINALDO.

Quelles sont les instructions que l'on t'a données sur ce qui me concerne?

LE CONCIERGE.

Écoutez, voici ce que l'on m'a dit : Tu prépareras à monsieur le baron les trois chambres que l'on t'a désignées ; tu le serviras, tu lui tiendras compagnie, si c'est son bon plaisir; s'il ne le veut pas, tu te retireras chez toi : ta femme fera la cuisine pour monsieur le baron, vous aurez soin sur-tout qu'il ne lui manque rien. Quant au reste, vous attendrez de nouveaux ordres.

RINALDO.

Comment! je ne puis savoir le nom du propriétaire de ce château ?

LE CONCIERGE.

Par moi! cela est impossible.

RINALDO.

Il semblerait que je suis enfermé ici comme prisonnier d'état.

LE CONCIERGE.

Cela peut être : je ne sais ni pourquoi,
ni comment vous y êtes venu.

Trois jours s'écoulèrent sans qu'il vît
personne autre que le concierge. Le soir
u quatrième, étant sur son lit, on ouvrit
a porte de sa chambre. C'était une femme
entièrement voilée, qu'il reconnut bientôt
pour être Olimpia..

A la suite d'une courte conversation,
lle lui annonça que sa Rosalie était
morte. Sois heureuse, ame douce et bonne
'écria Rinaldo ! c'est un bonheur pour
toi d'avoir quitté ce séjour de douleurs ; et
ioi, j'espère aussi jouir bientôt de la
même félicité !

Il cacha son visage dans ses mains, et
ersa un torrent de larmes. Olimpia
sortit.

Vers le milieu de la nuit, il fut réveillé par un léger bruit qui se fit enten-

dre dans sa chambre ; il ouvre les yeux et voit avec étonnement sept bougies al lumées sur une table. Autour étaient assi Cinthio, Néro, Ludovico, Jordano, Lui gino, Olimpia et Eugénia. Des bouteille et des verres étaient aussi sur la table

Il apprit qu'il devait la vie ainsi qu celle de ses camarades, au magicie Fonteja, qu'accompagnait Olimpia.

On parla ensuite de l'expédition d Corse, à la tête de laquelle devait êtr Rinaldini. Nous sommes ici, dit Luigino, cinq cents hommes. En Corse, sept cent amis nous attendent, sans compter ceu qui se joindront à nous. C'est le fort Ajalo que nous attaquerons le premier. La ter- reur s'emparera des Génois, quand ils sauront avoir en tête le redoutable Ri- naldo et toute sa bande. Nous verserons notre sang pour rendre la liberté aux bra- ves Corses opprimés. Des obélisques im- mortaliseront nos noms, et l'histoire les transmettra à la postérité la plus reculée. L'univers dira un jour : si la Corse ne gémit plus sous le joug d'une domination étrangère, elle le doit à des hommes que l'on nommait des brigands.

Rinaldo écoutait en silence ce discours, pendant lequel les verres se vidaient fréquemment.

Le lendemain, Astolfe, frère d'Olimpia, et lui montèrent à cheval et se mirent en route. Quelques uns de leurs gens les suivaient à une certaine distance.

Arrivés à Sutera, où ils restèrent quelques jours, ils prirent le chemin de Syracuse, et, laissant la ville sur la gauche, ils suivirent le chemin qui conduisait aux plaines de Marsala, et s'arrêtèrent dans une maison de campagne; Astolfe dit alors à Rinaldo: Tu es ici en sûreté, tu peux y vivre tranquille jusqu'à l'instant de l'embarquement. Adieu, j'espère te revoir bientôt, et il partit.

Rinaldo resté seul dans la maison, y trouva tout ce qui pouvait lui être nécessaire. Un jardinier avec sa fille lui tenaient compagnie et le servaient.

La fille du jardinier, Séréna, restait presque tout le jour auprès de Rinaldini, elle le suivait dans ses promenades, lui contait des histoires de chevalerie, de revenans et de sorciers, et lui chantait les anciennes romances des troubadours. Quelquefois il l'accompagnait avec sa guitarre.

Trois semaines s'étaient écoulées depuis qu'il était dans cette maison de campagne, lorsqu'un messager vint lui apporter une lettre. Elle était de Cinthio. Celui-ci lui faisait amicalement des reproches, de ce qu'il n'avait pas encore été voir ses amis qui étaient dans les montagnes voisines. Rinaldo fit réponse qu'il s'y rendrait incessamment. Le mes-

sager parti , il alla se promener sur le
bord de la mer ; il y vit quelques pê-
cheurs qui préparaient leur barque pour
passer à l'île de Pantaliéra. Ayant pris
tout-à-coup la résolution de visiter cette
île, il leur demanda : Quand partez-vous ?
— Demain matin , deux heures après le
lever du soleil. — Je partirai avec vous.
En attendant , voilà pour boire à ma
santé.

Le lendemain , il prend son linge ,
ses bijoux, rassemble tout ce qu'il a
d'argent , se revêt de ses armes , et
quitte sa demeure, ne regrettant que
sa chère Séréna ; arrivé au port, il
monte dans la barque , et le voilà en
pleine mer. Vers le soir, on aperçut des
lumières dans le château de l'île. Le lendemain à la pointe jour, on s'approcha de
la ville. Rinaldo descendit pour reconnaître le pays. Après avoir traversé un
petit bois d'oliviers , il aperçut à quel-

que distance une petite maison de campagne très-agréable ; il y tourna ses pas. A la porte était une paysanne qui chantait en travaillant. Après avoir lié conversation avec cette femme, et s'être insinué peu-à-peu dans sa confiance, il lui dit : J'aurais presque envie de passer ici deux ou trois mois : où pourrais-je établir ma demeure ; pourais-je rester chez vous ? — Pourquoi non. J'ai deux petites chambres qui ne me servent pas, vous pouvez les occuper. Mais je vous préviens qu'il faut vous bien conduire. — Ne craignez rien, Marthe, c'était le nom de la femme, vous n'aurez jamais à vous plaindre de moi. Je vivrai seul et tranquille. Si je puis vous aider dans quelques uns de vos travaux, je le ferai avec plaisir.

Marthe fit voir à Rinaldo les deux petites chambres, qui lui plûrent beaucoup. Le marché fut bientôt conclu, et il paya trois mois de loyer d'avance.

Rinaldo travailla au jardin, aux vignes ; rentré dans la maison, il s'occupait des soins du ménage : Marthe était enchantée de son locataire.

Un soir, en revenant des champs, il s'assit sur un banc qui était à la porte de sa demeure. Marthe vint l'y joindre, et il s'établit entre eux le dialogue suivant :

MARTHE.

Je n'aurais jamais cru qu'un monsieur comme vous se serait livré avec autant d'activité aux travaux champêtres. On jurerait en vous voyant que vous êtes né dans cette île, et que vous avez été élevé dans ces travaux.

RINALDO.

Efforcez-vous de vous le persuader, ma chère Marthe. C'est le plus grand plaisir que vous puissiez me faire.

MARTHE.

On croit souvent des choses moins

vraisemblables; mais dites-moi, où avez
vous donc appris à si bien connaître l'a-
griculture?

RINALDO.

Je m'en suis long-temps occupé dans
ma jeunesse.

MARTHE.

Il faut bien que cela soit, puisque
vous y montrez tant d'aptitude et de
connaissances. Vous n'êtes donc pas Si-
cilien?

RINALDO.

Non : je suis né sur les confins de cette
partie de la Suisse qui touche à l'Italie :
mon père, qui aimait l'agriculture par
goût, avait à la campagne des biens
assez considérables qu'il se plaisait à faire
valoir lui-même.

MARTHE.

N'avez-vous pas été son héritier?

RINALDO.

J'ai partagé ses biens avec un seul frère que j'avais; mais le desir de parcourir le monde me détermina à vendre ma part. Je voyageai dans toutes les parties de l'Europe, je vis quelques contrées des trois autres continens. Je suis las aujourd'hui de tant de courses; cette île me plait, et j'ai la plus grande envie d'y fixer ma demeure et d'y terminer mes jours.

MARTHE.

Rien n'est plus facile; vous avez de l'argent comptant, achetez une petite maison, avec quelques terres qui en dépendent; et mariez-vous si vous êtes encore libre; car je ne veux pas pénétrer dans vos secrets.

RINALDO.

Vous êtes de bon conseil, et je pourrai suivre quelques uns de vos avis.

— 10.

MARTHE.

Je m'offre de vous chercher une femme qui puisse vous convenir ; de ma main, je puis vous assurer que vous aurez un ange de vertu.

RINALDO.

Croyez-moi, nous avons le temps d'y songer; en attendant je demeurerai chez vous.

MARTHE.

Les voisins en jaseront peut–être, mais cela ne les regarde pas. Nous avons tous les deux la conscience pure.

RINALDO.

Sur ce point, oui.

MARTHE.

Et sur tous les autres aussi, n'est-il pas vrai ? la mienne l'est du moins ; la vôtre aussi ?

RINALDO, *un peu troublé.*

Pourquoi pas ?

MARTHE.

Ne vous fâchez pas..... C'est que sans
ela, je ne voudrais pas demeurer avec
ous sous le même toit. Une mauvaise
onscience apporte toujours le désordre
 la ruine dans une maison.

Rinaldo, que ce discours n'amusait pas
eaucoup, détourna la conversation, et
tourna ensuite au travail.

Il se proposait de terminer ses jours
ns cette île; mais le sort en avait or-
nné autrement. Des bruits sourds qui
culaient dans le peuple, au sujet de Ri-
do, que l'on disait réfugié à Plantiéra,
déterminèrent à quitter cet endroit;
s en avertir Marthe, il loue une bar-
e de pêcheur, et dans la nuit, à l'aide

de deux excellens rameurs , il s'éloigne rapidement de l'île.

Après cinq heures de navigation , il débarque sur une côte solitaire ; il marche quelque temps , le cœur gonflé de tristesse. Tout-à-coup il aperçoit de loin un grand nombre de soldats siciliens. Effrayé , il quitte le sentier qu'il suivait , et , appuyant sur la droite , il gagne un petit taillis qui se trouvait sur un monticule ; en se retournant, il découvre dans le vallon un détachement de dragons qui s'avance vers lui. Une maison de campagne, à une distance peu éloignée , se montre à sa vue. Il y dirige ses pas. L porte du jardin était ouverte. Il entre. Un inconnu sort d'un pavillon, et vien au devant de lui. C'était le prince d Roccella. Ils s'entretenaient ensemble lorsque le jardinier entrant hors d'ha leine, annonça que le jardin et la mai son étaient entourés de soldats siciliens.

Je suis découvert , dit Rinaldo au
rince , et je ne puis échapper au supplice
je suis arrêté. Il ne me reste plus qu'à
endre chèrement ma vie.

Un officier du détachement s'approche
t lui fait observer que la résistance est
nutile. — Peu m'importe, dit Rinaldo ,
a résolution est prise, et je ne veux point
nonter sur l'échafaud. — Peut-être, en
évélant le nom de vos complices , vous
ourriez..... — Non , Monsieur ; Rinaldo
st incapable d'une telle lâcheté , et
uisqu'il faut périr, je périrai les armes
la main.

L'officier s'éloigne de quelques pas ,
t donne ses ordres. Rinaldo, un pistolet
chaque main , et son sabre entre les
ents , attend de pied ferme qu'on vienne
lui. Six soldats s'approchent pour le
aisir , car on voulait le prendre vivant ;
Rinaldo fait feu de ses deux pistolets et
eprenant son sabre , il commence à se

battre en désespéré L'officier, voyant qu'on ne pourrait guères le capturer, ordonn. de tirer. Plusieurs coups de fusils partent au même instant, et Rinaldo, frappé à mort, tombe noyé dans son sang.

FIN.

TABLE.

—

FIN DE LA TABLE.

Imprimerie de CHAIGNIEAU jeune, rue Saint André-des-Arcs, n° 42.

www.ingramcontent.com/pod-product-compliance
Lightning Source LLC
Chambersburg PA
CBHW072025080426
42733CB00010B/1813